山里亮太　放棄天才夢！

天才はあきらめた

山里亮太　著
楊明綺　譯

目次

第三章 焦慮 63

終章　克服無數個想哭的夜晚　177

前言

我書寫《想成為天才》＊一書已是十二年前的事，當時的我還抱著些許期待「搞不好自己哪一天會變成天才」。

這次我搭乘時光機回到當時的我，和大家分享從那之後發生的點點滴滴，所以添綴些內容。

就讓我來告訴大家，十二年前的我過著什麼樣的生活……

當時的我很絕望，被別人視為討厭的傢伙，以及如何將「面對各種打擊，以至於愈來愈討厭自己」的自卑情感，全都化為燃料的經歷。

我放棄「想成為天才」這念頭的瞬間，「醜陋」情感也順勢成了我的夥伴。於是，我技巧性地將「醜陋」情感轉換成燃料，輕鬆做到「努力」這個令人痛苦的行為。

雖然我一直以來不斷碰壁、遭遇阻礙，但這些阻礙都因為「努力」這行為，讓我拂去自卑感，成了最棒的存在。

「努力」給予的獎賞，就是讓你一定能看見各種風景。正因為我深深明白，「停止努力的瞬間，失去有多大」，才能有此感觸。

＊本書是根據《想成為天才》一書，大幅加以添綴、修改而成。

所以我不會再說什麼「只要努力、加油，一定沒問題！」之類的話。當然，強迫自己努力並非壞事。

我總是這麼告訴自己。

絕對不要碰任何「不勞而獲的事物」，全力奔馳就對了！

逃離這種誘惑，愈遠愈好！

將自己飽嘗的痛苦情感全都化為燃料！

將討厭的傢伙作為燃料，在腦子裡緊緊攫住莫大的勝利！

今天的我也是在腦子裡將敵人、對手作為燃料，全力奔馳。

因為我已經放棄「想成為天才」這念頭，所以對我來說，人生再也沒有「苦」字可言。

我想，或許不少人看了這本書之後，覺得我是個討厭的傢伙吧！

無論如何，還請包容我這個一路辛苦奮鬥過來的男人。

序章

我一回神，發現眼前殘留「不記得自己吃過」的披薩痕跡。

明明完全沒印象，卻有外送披薩空盒。這樣的夜晚不止一次。

後來才察覺到，是因為下意識給自己訂了一條規則，那就是：吃飯時，不要想工作方面的事。我逼自己務必遵守這條規則，所以至少在家裡時不要想工作的事。

我有時甚至會不知不覺地搭上往老家方向的電車。

即便告誡自己「要面對現實」，也沒用。

我和搭檔在二〇〇五年「M・1大賽」*墊底後，完全深陷情緒低潮。

「我這個人一點也不有趣。」

「大家都說，去年的亞軍根本沒那麼強，實力不怎麼樣嘛！」

就連電車行駛的噪音聽起來都像別人的閒言閒語。

我覺得自己像個悲劇英雄，把自己逼到死胡同。

這樣的我，一味鑽牛角尖，理所當然地貶低自己。

這段不指望自己有何成長，成天只會煩惱的時期，將我不斷導向不好的方向。

*日本最大諧星經紀公司「吉本興業」於二〇〇一年開始舉辦的漫才大賽。

於是，我想：
「乾脆放棄吧。」

第一章 一心想出人頭地的我

「想受人歡迎」的這層偽裝

自己想成為什麼樣的人？我覺得能夠輕易找到「對自己來說，雖然還不夠具體卻特別」的美好夢想，為了出人頭地而努力不懈的人，就是天才。

不過，我一直很清楚「自己不是這樣的人」，這般自覺，自然也讓我猛踩「想要努力」的煞車，以此為藉口，停滯不前。

因此，以成為天才為目標，實在太自不量力，畢竟我只是個普通人。

雖說如此，我還是想出人頭地。

這樣的我硬是抹去「自己不是天才」的自覺，告訴自己一定要臻於頂峰，不讓任何人看穿「那傢伙其實沒什麼能耐」，因為天才必須做任何事都給人水到渠成感。

於是，這樣的情感引領我朝著「出人頭地」的方向前行。

我想受人歡迎。

大家應該有過這樣的經驗吧？因為太想受人歡迎而撓著身體、輾轉難眠。大家應該也有過這樣的經驗吧？為了成為受歡迎的人，竟然莫名地學起大正琴*。

嫉妒促使我焦慮不已，好比走在街上，看到情侶卿卿我我，我會故意在他們身後大聲講電話，假裝預約要去酒店之類的風化場所，試圖破壞約會氣氛；不然就是在約會聖

＊大正時代流行的一種弦樂器。

地抽菸、捧著一大束花，凸顯自我存在感；當然也有過嫉妒到連看見動物交尾場面都有種徹底慘輸的挫敗感。

對我來說，「我想受人歡迎」這念頭讓我爆發驚人力量。就像人家說，在馬兒面前掛個紅蘿蔔就能驅使牠跑得更快，對我而言，「想受人歡迎」這念頭，就像美食節目主持人吃了（管它是一般紅蘿蔔還是有機栽培）紅蘿蔔，說了句：「這是水果嗎？」如此不知所云，卻讓人覺得是「這東西好像很讚」的評語。

再平凡不過的我，竟然能一心一意追求「想受人歡迎」這個再理所當然不過的目標。不管再怎麼辛苦，著實讓我嘗到一步步朝著目標前進的感覺。即便腦子充斥「好麻煩、好累」諸多藉口，但「做些有趣的事」這般心情，促使我擊退各種誘惑。

譬如，我抱著想開拓好人緣的心態，參加教人看手相的課程（的確摸到別人的手，也有賺到的感覺），或是想給自己添點展現帥氣的哏*，獨自去義大利旅遊……於是，「想受人歡迎」偽裝成「想出人頭地」的情感，成為驚人的燃料。

然而，高舉「想出人頭地」這目標的同時，挫折也隨之而來，所以說穿了，一切都是為了「想受人歡迎」。

恕我絮絮叨叨，因為想受人歡迎是不折不扣的事實，也就理所當然設定了中程目標。而這目標就是：為了受人歡迎，我決定踏上演藝之路。

＊「哏」，例如捧哏。但現在俗寫都寫成「梗」。

因為懷著「想出人頭地」的夢想，而讓「想受人歡迎」這股力量變得強大無比。

高中畢業那年，我向雙親坦白自己想報名「吉本綜合藝能學院（NSC）」，即便那時他們回應：「拜託！你一直都住家裡，也沒見過你做什麼好笑的事。」倘若我誓言「成為搞笑藝人界的巨星」，他們八成也是一笑置之吧。

但我懷抱的是「成為藝人，想受人歡迎」這個更切身的目標，所以毫不猶豫地請求父母諒解。

當我一心一意以成為藝人為目標後，「想受人歡迎」這個紅蘿蔔確實發揮十足效用。我從吉本綜合藝能學院畢業那時，根本沒工作上門，還曾無酬當臨演，從早上六點左右站到半夜，一句台詞也沒有。打工時，還被酒醉客人當面撕毀他跟我要的簽名，外加一句譏諷：「你紅不了啦！」這些不堪我全都忍下來。

天才必須生存在最頂尖的世界，這句話卻成了不是天才之人的逃避藉口。就算「想受人歡迎」這動機聽起來很可笑，但對我來說，無疑是促使自己站上起跑線的珍貴契機。

接下來，我想寫些：以成為藝人為目標之後，各種守護我的「裝備」，如何發現它們，又是如何穿戴上身？於此同時，也想再次探索自己一路走來，演藝生涯的各種「酸甜苦辣」。

母親的一句「好厲害喔」

我決定走演藝這條路後，突然試著冷靜審視自己。

我既沒有明星那種波瀾壯闊人生，也沒有複雜到令人咋舌的家庭背景，而是出身小康之家。

堅持走這條路，真的沒問題嗎？腦中不斷冒出各種勸自己打消念頭的疑慮。怎麼辦？那就尋找吧。就算再怎麼微不足道，總有幾個確認自己「走這條路就對了」的憑證。

好比小學五年級發生的某件事，就是促使我想走這條路的契機。

我喜歡搞笑雙人組「可樂餅」，尤其喜歡模仿千昌夫先生，有段時期拚命模仿他；雖然只是重現他的經典台詞，模仿功力稱不上一流，家人卻很買單，親戚也是，祖母甚至還會賞我零用錢，衝著有零用錢可拿的我，也就模仿得更帶勁了。

看我這麼投入的母親，在我小學五年級時，擅自幫我報名參加電視節目童星甄選。

記得試鏡那天，一到會場的我差點大喊：「我根本來錯地方嘛！」除了我以外，幾乎都是出身劇團或是有經紀公司的孩子，而且不少家長是甄選會場的熟面孔，所以彼此認識的他們會交換情報，現場可說星媽雲集。而且她們的對話不外乎：「這次試鏡好像對那個劇團的孩子比較有利呢！」、「上次參與那個節目演出時，就發現某某比較受歡迎。」盡是些很有時尚感、沉穩洗練，一身連小鬼頭的我都知道是名牌衣裝的貴婦們。

相較之下，站在我身旁的母親穿著參加哥哥畢業典禮的老土套裝。難不成我和媽媽與牆壁融為一體嗎？無視我們存在的貴婦們一邊交談，從我們面前走過。

看似工作人員的人一走過來，貴婦們就會催促孩子打招呼，孩子也很習慣這般場合似的落落大方，照大人教導的，來個可愛的招呼禮。我突然環視周遭，發現其他孩子不是放聲高歌，就是練習芭蕾動作，還有家長假裝是面試官，幫孩子模擬試鏡情形。

於是，再平凡不過的山里少年整個人萎縮到不行，能做的只有焦慮不安，還有滿腦子想著乾脆打退堂鼓。

怎麼辦？只會模仿千昌夫，還模仿得不太像的我，根本不可能脫穎而出。真的要模仿千昌夫嗎？還是模仿伊曼紐爾*……不，不行。我還有什麼可以拿出來？什麼都沒有……越來越覺得自己待在這裡很丟臉。

面試前有一小段休息時間，貴婦們似乎相約帶著孩子去時髦的咖啡廳稍事歇息。我和母親則是去電視台附近的速食店吃漢堡，那時異樣的空虛感依然記憶猶新。一想到讓母親有丟臉的感覺，就覺得很傷心，沒想到母親卻笑容滿面地對我說：

「你很厲害哦！不像其他孩子花錢學這學那，還能和他們一較高下，了不起！」

母親居然這麼誇獎我。

* Emmanuel Lewis，美國演員，也是企業家。

我在學校惹事時也是，「你有反省之心，不錯哦！」也會換個角度誇獎我。

還有，我胖得跟卡通影片那種胖小子沒兩樣時，母親帶我去百貨公司買衣服，結果試穿時連超大號都穿不下，著實窘到滿臉通紅，「你很厲害哦！連店裡賣的最大號衣服都塞不下你，真的很厲害呢！」母親巧妙化解我尷尬的心情。

還記得我成了班上唯一高中考試失利的可憐蟲，因為怕大家顧慮我的心情，所以早一步離開學校。母親得知後誇我：「你知道要是自己在場，大家肯定開心不起來，是吧？這麼替別人著想，真是了不起啊！」也沒問我任何關於考試的事，回到廚房烹煮我最喜歡的咖哩飯。題外話，前幾天我和母親一起去旅行時聊起這件事，當我聽到母親說她其實在廚房偷偷掉淚，真的很驚訝，「你明明那麼用功卻沒考上，好心疼喔……」母親眼眶泛紅地說。

沒想到我居然通過試鏡。面對工作人員的提問：「你會給為體毛濃密一事苦惱的女生，什麼建議？」我的回答是：「也太不知足了吧！我家阿公可是沒半根毛呢！」這答案似乎漂亮擊中大人們的心。

還有一次，母親被請到學校，聽到老師說：「亮太說謊。」她反問：「什麼樣的謊呢？」聽聞詳細情形後，母親回道：「老師，不覺得亮太很厲害嗎？馬上就能反應，而且是想好要怎麼回應，很厲害呢！」這般回應讓老師頗傻眼。

我想，那時之所以能通過試鏡，或許是因為母親那句「了不起」，讓我重拾信心吧。

我爭取到露臉機會的節目，是讓五個男孩與五個女孩湊對比賽的內容。正式錄影時，我被年紀更小的孩子們那種天真爛漫徹底打敗，怔怔想著自己根本一點也不有趣啊！

但母親一再說她坐在旁邊觀看有多感動，也對我說過好幾次：「多虧你，我才能來這裡，謝謝囉！」絲毫沒餘地讓我插嘴問她：「不覺得我表現得很差嗎？」

節目播放後，我上電視一事在社區、商店街鬧得沸沸揚揚。總之，我成了人氣王，去到哪裡都有人叫我：「千昌夫之子！」

嗯……不過，在社區、商店街出名也不算什麼吧。因為我在學校確實不是什麼風雲人物，也不可能是風雲人物，因為我沒有可以拿來當作武器的能耐。

我能自豪的事，只有拿到籃球社的全勤獎吧！卻還沒有正式上場比賽過，充其量只是板凳球員。

正確來說，我只上場比賽過一次，那是高中引退前的最後一場比賽，比賽時間只剩下二十秒左右時，有個後輩因傷退場，教練問我：「山里，換你上場，沒問題吧？」

好感動，教練注意到我。於是，我忍住滿心笑意，脫掉夾克，繫緊鞋帶。

沒想到教練卻對我說：「山里，別碰球喔！」

是因為那時情緒很嗨嗎？我還大聲回應：「是！我不會干擾比賽！」如此認真地給

了個消極回應後衝上球場。

總之，我就是個不被看好的孩子。但更叫人傻眼的是，一直一起打球的夥伴本來想傳球給我，但最後還是謹守老師的叮囑，毫不遲疑地閃過我。

那時的我，還沒有一心想成為藝人的強烈念頭。

那麼，接下來我是如何一步步前進呢？

夢想成為搞笑藝人的契機

我小時候夢想成為藥劑師，看母親在藥局工作的樣子，一心希望讓賺取微薄工資的她開心。所以明明應該報考理組的我，在高二選擇報考哪一組時，聽到喜歡的女生報考文組，我手上的筆也就好不遲疑地圈選「文1」，結果也沒贏得佳人芳心。

於是捨棄從小懷抱的夢想，上了高中的山里少年對未來越發迷惘。當時我的腦中只是怔怔地想著：「我才不想做一般工作呢！」、「我一定要做些跟別人不一樣的事！」、「我想受人歡迎！」

這樣的我也有麻吉好友，我都叫他「小納」；雖然不是那種鋒頭很健的人，但他幽默感十足，哪怕是什麼無聊小事都會和我分享，而且他常常投書去深夜廣播電台，幾乎每投必中，總之他就是個很有趣的男生。我們的主戰場是「教室一隅」，小納擅長模仿班上的人氣王，我則在一旁幫腔搞笑。

某天，我們在教室一隅閒聊時，小納突然對我說：

「小山，你蠻有趣的，可以考慮當搞笑藝人哦！」

或許對他來說，只是再日常不過的一句話。

但聽在對將來十分迷惘的山里少年耳裡，這是個閃耀生輝的選項。

這個選項和想出人頭地的欲求最契合，光是有這目標，就讓我覺得好幸福。

無奈我還是沒自信以此為目標，但為了讓自己站上這個好不容易才找到的起跑線，我給自己打造所謂的「假天才」。

幽默風趣的小納這句「你蠻有趣的」就是最強而有力的背書，促使我立志成為搞笑藝人。

從此我「不時」想起這句話，緊咬這句話，努力讓自己成為有趣的人。就拿社團活動來說吧，每次公布上場比賽名單時，我都是被分配到負責喊口號、帶動氣氛，有點莫名奇妙的角色；於是我自創加油口號，沒想到廣受好評，甚至吸引別校學生特地來觀賽；不然就是偷偷幫老師取綽號，大家也很買單。

想起這些事，就會讓我鞭策自己朝著目標前進。

無論是再怎麼微不足道的事，都能帶給我小小的自信，而且堅信只要反覆下去，便能構築出強大的什麼，只是這股自信是虛的；然而這股「紙糊的自信」*卻讓我不斷漂亮回擊這個輕易看輕自己的世界，還有來自超級王牌的攻擊，鞭策自己朝著成為搞笑藝人的夢想前進。

*原文「張りぼて自信」這詞是關西的方言，意思就是紙糊的自信、虛張聲勢的自信等。

一切都是為了踏入演藝圈

「紙糊的自信」促使像我這種沒有絕對自信、就站上起跑線的傢伙勇於逐夢。

當時，我的所有行為都是為了「成為搞笑藝人」，就連原本是休閒娛樂的看電影也是，看完後馬上筆記覺得很不錯的台詞，思考這些話用在什麼場合應該很有趣，這麼做不但消除沒有好好觀賞電影的罪惡感，還不由得想誇讚自己如此用心。

此外，就連毫不相干的事物，也會設法與搞笑一事有所聯想，也就更想誇讚自己。好比聽到有人說，盯著牆上污漬，思考這污漬看起來像什麼東西，也是鍛鍊腦子的一種方法。從此我給自己訂了一條規定，每次上廁所時，一定要找到五個牆上污漬才能出來。

雖然這麼做沒多大意義，但我會給自己積攢信心：「連這時都在想如何搞笑！真的很了不起，不是嗎？」不過這麼做，充其量只是自我催眠罷了。還是得找到能說服自己的學習方法，做出成果才行。

當然，我還是很肯定「為了達到目的而付諸行動」的自己，而且這些小小的行動，確實累積成一股莫大自信。

直到現在，我還是有這種「積攢自信」的習慣。例如，我在電車上聊天時，身後的女孩子在偷笑；參加聯誼時，明明第一輪遊戲沒有女生青睞我，玩第二輪時，最可愛的女生卻看上我，不然就是有人當面誇讚我之類。雖然我每次都表現得很謙遜，但虛張聲勢的自信銀行「山里分行」確實存了不少。

在我邁向目標的途中，每每碰壁時，就會使用這筆名為「自信」的存款。當所謂的「天才」出現在我面前，讓我心生恐懼，覺得自己根本不適合走這條路；或是看到電視節目出現令人捧腹大笑的搞笑橋段，看到不少人做出我根本想不到的事情時，感覺自己不被期待；或是刻意搞笑，別人卻笑不出來時。總之，我的面前不斷出現這樣的障壁。

「看來我真的不行啊……」每當如此無謂的煩惱時間啟動時，名為「自信」的存款便逐漸減少，用來幫自己確保自信。

我不斷告誡自己，縮短這種自尋煩惱的時間有多重要，而且越能早點結束這種無謂的煩惱時間，越要讚賞自己：「我很厲害！」然後用這股氣勢做些簡單的事，藉以激勵自己，完成更棘手的事。總之，我給自己訂的這條規則非常有效。

當我向父母表明自己立志成為搞笑藝人時，他們開出的條件是「要是能考上關西人覺得『很好的大學』，就允許我去大阪」。

於是，拜自己一手打造的自信之賜，我毅然決然踏上以成為搞笑藝人為目標的這條路。第一步就是「前往大阪」，無奈我應屆考試全軍覆沒，只好當個重考生，還請聽我娓娓道來。

因為補習費不是一筆小數目，所以對父母多少有些歉疚的我，每天早起發傳單打工，一邊上補習班準備重考。

雖說是打工，我可是那種「下雨就懶得上工」一派隨性的態度。重考生活非常規律，早上七點開始發兩個小時的傳單，結束後去補習班的自習教室唸書，然後上課到晚上十點，回家繼續苦讀，就是過著如此單調生活。

每次不想考試時，我那紙糊的自信就會迸出來喊話：「你不是立志要當個搞笑藝人嗎？為了這點小事就打退堂鼓，這樣對嗎？」

每次在自習教室看到一群男男女女愉快談笑時，就會輕蔑地想：「殊不知這種嘻皮笑臉態度可是通往成功的一大絆腳石啊！有夠愚蠢！要是我……」莫名有種優越感，惕勵自己用功讀書。

努力不懈地將「為了出人頭地」這意念付諸於各種行動，讓我深感朝向目標的速度加快了。

重考的這一年，我不斷鞭策高中三年來荒廢掉的這顆腦袋。另一方面，「想受人歡迎」這帖處方箋也助我抵抗各種誘惑，於是模擬考試始終高分的我順利考上理想大學。

無視那個一直叫自己「逃避現實的傢伙」

其實我沒什麼耐性。當然，面對自己喜歡的事，再怎麼樣都能忍受；但對於討厭的事，可就一點耐性也沒有，要是可以逃避的話，我肯定馬上逃。就像之前想要瘦身，想說去健身房吧。但迷上蒐集手冊時，想說：「反正為了蒐集手冊必須多走些路，也就消耗卡路里啦！」便用這理由自我滿足。

一直到現在，我的腦子裡還是不時會出現，將自己過往所有失敗、別人的成功全都抖出來，然後在自己的耳邊囁語：「別浪費時間了，乾脆打退堂鼓吧！」那個「一味逃避現實的傢伙」。

每當這傢伙迸出來時，我會告訴自己：「哇！逃避現實的傢伙又出現了。別理他！我一定要出人頭地！」如此信心喊話，反而讓我加倍前進。

總之，當一本正經教唆自己逃避現實的傢伙出現時，無視他的存在就對了。

然後，思考自己要為了什麼而積極？不是工作方面的事也沒關係，只是擬個計畫也行。

我想，我就是以這樣的方式奮戰，拒絕逃避現實。

即便是那段拚命讀書的重考日子，我依舊無視心中那個逃避現實的傢伙。看到那些聚在一起嬉鬧的同學，我告訴自己：「那些自以為過得很幸福的傢伙，其實是只著眼於眼前的笨蛋。」埋首苦讀的結果就是順利考上理想的大學，拿到前往大阪的車票。

準備前往大阪的我，每天都很興奮，成天幻想成為藝人的自己、參與電視節目演出的自己，還有成為藝人後，老是被女生搭訕而倍感苦惱的自己。

現在想想，實在很難為情，那時我還買了學習關西腔的 CD，每天像練習英語會話般苦練；獨自面牆，反覆練習：「搞啥鬼啊！不是嗎？搞啥鬼啊！」雖然不曉得該如何逐夢，但至少要努力做些「確定自己懷抱夢想」的行動才行。

不知為何，那時的我每天都很有自信，八成是因為不太清楚自己想要前進的這條路是條什麼樣的路吧。夢想是如此模糊，一頭栽進去之前，看到的都是甜美部分。不過啊，我覺得正因為嘗到甜美，之後就算吃到魔鬼辣椒，也會因為嘗過幸福滋味而覺得自己很幸運。

就是這樣的幸福時光。這種幸福和日常感受到的不一樣，而是今後逐漸孕育出來的幸福。只要一直持續感受到這樣的幸福，再怎麼辛辣的滋味都能克服。

在母親的陪同下，終於要出發前往大阪。我已經開始用關西腔喊她「阿母」了。

可怕的大阪！

抵達伊丹機場，我們一邊前往大阪的鬧區梅田，一邊尋找如何前往母親筆記的地方。我到現在還清楚記得抵達梅田的瞬間，那種走進人潮的恐懼感。

那是一種為了成為真正藝人必須親嘗的現實味，以及如影隨行的不安感。

抵達大阪，接觸最純粹的大阪之後，為「假裝是關西人」的自己深感羞恥，所以每次和關西人擦肩而過時，我就趕緊改口喊母親「媽」。

咯咯大笑的女孩，做著誇張動作，逗夥伴開心的男生，還有操著關西腔待客的店員大叔，這些人逐漸剝除我的空虛自信。

我真的能成為搞笑藝人嗎？突然覺得自己什麼武器都沒有。還想說只要去了大阪，進了培育搞笑藝人的學校，自然就能擁有搞笑功力，成為藝人，踏進演藝圈，不是嗎？怎麼會有如此天真的想法呢？

走在大阪的街上，讓我覺得，一路積攢的自信存款只是一筆微不足道的數目罷了。卻也無法回頭。我看著身旁一臉不安地張望四周的母親，不禁這麼想。

中午時分，我和母親走進一間大阪燒店，為了不讓人看破手腳，我幾乎不開口講話。

所以店員過來點菜時，低著頭的我默默指著菜單，點頭回應，一副活像偷東西被活逮，和母親一起被店家數落的模樣。

但我唯一感到幸運的事，也是來大阪之後發生的。要是我沒有做出「考試↓遷居大阪」如此大膽的決定；要是我沒有紙糊的自信，選了別的選項，也就沒有風險可言，也無罪惡感。

關於這一點，因為是我堅持要來關西發展，所以也沒其他選項，只能繼續前進了。雖然那時覺得很恐怖，但現在想想，覺得自己很幸運啊！「當你幹勁滿滿時，別讓妥協這個選項冒出頭」這樣的想法救了我。

一旦斷了退路，就會馬上剷除平時給自己找的各種藉口。不過退路要是斷得太絕，相對的壓力也會很大，搞得自己疲憊不堪。所以有時想逃避一下也無妨，順從自己的心情，適時喘口氣很重要；也別忘了讚賞自己，給自己加油打氣。倘若橋斷了，再重新努力搭建就行了。缺乏耐性的我，就是靠這方法一路走來。

天才眼裡一定沒有所謂的退路，只有一條筆直通往目標的路吧。而且他們一點也不覺得苦，就像呼吸般輕鬆前行。當個天才可真好啊……我有時會這麼想。

不過，我沒這天分，也是沒辦法的事。唯有克服「與天才無緣，也就是來自退路的誘惑」，才能看見天才眼中的那條路。或許我在周遭人眼中，是個天才？無奈如此憧憬的心情，只能以絕望收場。

怕生也是一種才能？

來到梅田的我就這樣懷著不安感，開始大學生活。首先是挑選住的地方，畢竟獨自在外租屋有點奢侈，所以選擇入住比較便宜的學生宿舍。

校園導覽手冊介紹了兩間學生宿舍，一間是看起來時尚乾淨，且是男女混住的「秀麗寮」，名字也好聽，感覺午休時間還會提供花草茶之類。另一間是男生宿舍「北斗寮」，雖然價格超合理，但是稍嫌老舊的混凝土建築，加上一夥看起來就很粗魯的男生照片，讓我實在很猶豫到底要選哪一間。後來我決定還是稍微奢侈些，決定入住雖然貴一點，還是比獨自租屋居住來得便宜的秀麗寮，也開始幻想今後與宿舍女生談戀愛、多采多姿的大學生活。

面試後等待公布結果，我看著公佈欄上的宿舍分配名單……秀麗寮的寮生名單上，怎麼看都沒有我的名字，盛著花草茶的茶杯，剎時在我腦中粉碎，我突然瞄向旁邊，赫然發現我的名字！

「找到了！」喜悅表情維持不到一秒，因為定睛一瞧，赫然發現登載我的名字的紙上印著「男生宿舍・北斗寮」幾個大字。男生宿舍……花草茶秒變自來水……

母親回東京之前的那天晚上，我們一起在大阪吃晚餐。母親一臉感動地對我說：

「你真是有孝心啊！北斗寮一個月一萬五千日圓，還附三餐，真的很孝順啊！」

母親的笑容讓我頓時接受事實。

應該像是讀男校一樣快樂吧？這樣也好啦！或許多少能為我日後的演藝生涯添些哏吧。希望不要有那種很難相處的人才好，希望和大家都能相處愉快啊！我默默思忖……

事實證明，我太天真了。北斗寮根本土到爆，土到讓人不覺得活在平成時代，而且入住當天便讓我充分領教。

入住當天，老舊宿舍大廳聚集了來自各地的新生。大家都一副稚嫩、好奇的模樣，聊著家鄉和高中社團的事。本來就很怕生的我獨自躲在角落玩「Game Boy」*。

走筆至此，也許有人狐疑：「搞笑藝人怕生？」其實怕生之人也能裝傻、吐槽，應該說更如魚得水吧。

要是這麼說，別人會這麼想吧？要是這裡笑出來的話，會被想成是這個意思吧？要是這麼說的話，別人會不會覺得我很沒品？……想得越多的結果，就是遲遲無法付諸行動，這就是怕生之人的死穴。咦？這樣能當搞笑藝人嗎？

確實可能就此止步，但也可能不放棄地繼續發想，怕生這特質也就變成一項武器。

「這麼說的話，別人可能會這麼想，不是嗎？那麼該怎麼說，才能戳中笑點呢？」

＊掌上型遊戲機。

心裡那個名為「怕生」的剎車器，讓自己又拋出一個問題，於是怕生轉變成帶給別人歡樂的才能。後來，我對塔摩利先生說過的這句話：「怕生是一種讓自己比別人先察覺對方心情的才能。」深表贊同。

可惜這是我很久之後才領悟到的事……大學時的我還停留在踩煞車、劃下句點的階段。

就在我獨自玩著「Game Boy」時，宿舍前輩們走進來，面帶微笑地指示新生排排站，我才有機會和隊伍前後的舍友們寒暄幾句。

「在那邊嘰哩呱啦聊什麼啊！」

有位前輩怒斥，嚇得新生們趕緊閉嘴。其他前輩也加入罵人陣容，還有那種手拿竹刀，看起來就很不好惹的傢伙，只見前輩們湊近我們的臉，罵個不停。

不會吧？這是怎麼回事？到底發生什麼事？一頭霧水的我，想起介紹採斯巴達式管理法的住宿學校紀錄片，學長們現在就是用這方式對待我們新生，罵聲依舊不斷。就在這時，宿舍長現身，說明入住須知。

首先練習打招呼，一位新生面對兩位學長，練習打招呼。都活到這年紀了，不需要學習怎麼打招呼吧？無奈學長們的氣勢讓我完全沒勇氣反駁。

於是我試著開始打招呼，只見站在兩側的學長吼道：「大聲點！聽不到！」還示範如何用丹田發聲。我馬上受教地大聲說：「早安！」學長不滿意地吼回來：「再大聲點！」打招呼地獄總算告一段落，來到午餐時間。

過度疲勞、驚嚇的新生們被帶往學校餐廳，根本扒不到幾口飯，又被帶至淋浴間，因為住宿生眾多，所以每個人限定沖澡五分鐘。

蛤？這般光景好像在哪裡見過……對了，肯定有不少人想到電視上不時播放的紀錄片「監獄二十四小時」吧。我當然沒敢說出口。

火速沖完澡後，又回到充滿危險氣息的大廳集合，接著教唱關西大學校歌、啦啦隊歌等；隨後又是大吼、罵聲不斷，直至深夜。拜這般魔鬼訓練之賜，我到現在還能完美唱完校歌。想說入住第一天總算結束了，沒想到學長瞪視眾人，撂下這番話：「明天要自我介紹，還有，讓我見識一下你們有啥本領。給我好好想！有自信的傢伙當然好眠！看來你們這群傢伙很有自信哦！」

可想而知，怎麼可能好眠。「這下子還睡得著嗎？」、「有啥本領是什麼意思啊？完全聽不懂！」恐怕在場將近五十位新生都是這麼想吧。

不過，只有我的想法不一樣。

我與一群「無賴漢」共度的日子

見識一下有啥本領？我彷彿看見眾人頭上有個大問號。至於我的話，雖然是以成為搞笑藝人為目標而來到大阪，但萬萬沒想到是以這樣的方式初次展現本領。

只見眾人坐在鋪滿大廳的寢具上，紛紛掏出筆記本，不知在絞盡腦汁想什麼，我當然也不例外；雖說以成為搞笑藝人為目標，卻什麼都還沒著手，無奈考驗就是來得這麼突然。就在我半夢半醒時，學長過來，喃喃自語：「唷？看起來很有自信嘛！很期待哦！」聽到這番話的我，嚇得趕緊起來繼續思索，不少人也和我一樣。

天色漸亮，結果就這樣一夜未眠到天明。

展現本領的時間毫不留情地迫近，就在大家一臉驚懼，死氣沉沉的氣氛中，輪到我上場。

生平第一次展現搞笑本領的我拋出來的是：「不管伸太*有什麼煩惱，哆啦A夢的解決方法就是：掏出千葉縣名產花生與醬油。」這個不知所云的哏。

結果招來學長的怒吼：「我問你！你最喜歡哆啦A夢的哪個道具？」我回道：「竹蜻蜓。」於是學長提出無厘頭要求：「那你變身竹蜻蜓來看看！」我毫不猶豫地邊喊叫、邊轉圈圈，全力表演竹蜻蜓，如此老套的招數總算過關。

*伸太就是多拉A夢的大雄。

我們就這樣過了四天彷彿身處異次元的生活，有人連家當也不要，趁夜逃走。到了第四天早上，大家唱完校歌後，魔鬼學長們流著淚誇獎我們，我們也莫名地哭了。

接著大家一起吃早餐，準備一下，便去參加開學典禮。我們在典禮上大聲唱校歌，雖然周遭的瞠目結舌頗令人難為情，卻覺得好快樂。

這般體驗大大消弭我心中那股「平凡人的自卑感」，而帶來如此刺激的揭幕式就是北斗寮。在這裡的無數個相遇，促使我奔跑在現今這條路上，時而溫柔，時而給予嚴厲教導。之所以會變成這樣的重要理由之一，就是我展現搞笑本領之前說的一句話吧。

「我是為了成為藝人，才來到關西大學。」

只見學長們群起譁然，亢奮不已；然而，這般態勢卻成了一道讓我毫無退路的障壁。

入住北斗寮後，讓我印象最深刻的事，是入住新生一定要做的某個慣例，那就是：晚上前往位於北斗寮附近的女生宿舍，然後排成一排，朝女生宿舍大喊：

「螢雪寮的女同學們好！請教教我們北斗寮童貞 ABC！」

如此這般莫名其妙的儀式。

而且要喊到學長們說 OK 為止，實在是讓人一頭霧水的騷擾行為。怪的是，女生宿舍對於每年都來這麼一次的慣例，沒任何反彈。

騷擾行為做到某個程度後，在學長一聲令下：「快逃啊！」眾人火速逃回宿舍，然後笑鬧到天明。沒錯，我們就是在玩「老子我高興就好」的無賴漢遊戲。

讀到這裡，讀者諸君恐怕會覺得，根本是住著一群惡鬼的可怕宿舍吧。要是讓人有此誤會，就太可惜了。請容許我再多寫一點。

真心覺得自己運氣很好，有貴人運。住進北斗寮後，有好幾個讓我再次有此感觸的人。

宿舍長植松先生是個古道熱腸之人。

他對得知高中時暗戀的女孩子結婚而傷心不已的我說：「我們去吃美味的烏龍麵！」開著他的愛車「WAGON-R」出發。

車上以超大音量播放學長的最愛 Mr.Children 的歌，還不時談笑風生地說他自己被甩的糗事。因為太開心，所以完全沒察覺，車子在不知不覺間駛過明石海峽大橋。前輩笑著對一臉詫異的我說：「這裡有超好吃的烏龍麵哦！」

車子駛入停車場，我們下車準備去吃烏龍麵，關西的夜景閃爍無比。

「亮太，你看。天涯何處無芳草，可愛女孩子多的是啦！」學長咯咯笑著說。已經午夜一點多，真的對他很不好意思，明知他明天還有很重要的工作面試。

回程的車上變成行動 KTV 包廂，我們縱聲高唱。

睡到將近中午才起床的我，發現前輩已經出門了。看見隨手一扔的家居服，胸口不禁緊揪了一下。

學長的淚水

我的大學生活多采多姿，聯誼、社團活動、打工，還有自己硬是擠出時間參加的舞蹈派對等，各種樂事有如浪潮一波波襲來，沉浸在高潮中的我愈來愈安逸。

我不是意志堅定的人。非常享受大學生活的我升上大二時，想說畢業後找份安定工作好像也不錯。明明當初決定來大阪生活的同時，要進入培育搞笑藝人的學校，全力朝演藝之路挺進，現在卻給自己找了諸多藉口，一再拖延。

「我之所以來大阪，是為了進演藝圈。」這句誓言成了阻塞退路的一堵牆，直到被逼至牆角的我不知愚蠢過多少回。

就在大二生活即將劃下句點時，植村學長對我說：

「亮太，你什麼時候要去那個培育搞笑藝人的學校啊？」我曖昧回應。只見植村學長將一張紙啪地放在我面前，原來是吉本綜合藝能學院的入學申請書。

「我幫你拿來了。寫吧！」

學長開心地看著我填寫申請書。

前幾天大掃除時，我發現自己當年練習寫申請書的草稿，看得臉都紅了。因為當年寫在申請書上的文字，實在無趣得叫人難為情。

大致內容是：「因為是住在學校宿舍這般比較特殊的環境，所以禮儀這一點絕對不輸給任何人」、「因為大學主修心理學，可以洞察別人的心聲」等，光是看這幾行字，就讓人覺得，這根本是來應徵工讀生吧。憑這種履歷，就想以成為搞笑藝人為目標？我試問過往的自己。

言歸正傳。終於來到面試當天，我穿上大學入學典禮時穿的西裝。步出宿舍時，幾乎所有住宿生都來替我送行。在前輩的發號施令下，學弟們齊聲大喊：「學長加油！」學長也隻手拿著一大瓶酒，猛揮手。

蛤？我是要出征嗎？盛大歡送到讓我有此錯覺，頓時覺得既感謝，又有著「要是面試沒過怎麼辦」的龐大壓力。

我來到面試會場，張望周遭的結果，就是迫使空虛自信的存款愈來愈少。多的是正在練習的拍檔；還有那種一口道地關西腔，不難想像學生時代多受歡迎的人；還有穿著緊身衣，用麥克筆在身上寫「西裝」二字，看起來就像在告訴別人「我穿得很正式」的傢伙……我只有被按壓在地的份兒，西裝和寫得正經八百的申請書，迫使我的腳步與嘴角越來越沉重。

來到集體面試階段，開始以二十個人為一組的面試時間。我不曉得其他組如何，至少我分配到的這一組，每個人都表現得非常積極。

面對主考官的要求：「請盡情表現、推銷自己。」有個稍稍讓人嗅到「我要一舉奪天下，要是落選，吉本肯定會後悔一輩子」氣場如此強大的男人。不過，他展現出來的特技「模仿江頭 2:50」*，應該會讓大家覺得，吉本興業刷掉他，一點也不會後悔吧。

接著登場的是一對表演漫才的搭檔，一位彷彿是去面試官家送上自家栽種橘子的歐巴桑，一位是陪同她來的歐吉桑，兩人還堅稱自己符合考試資格二十五歲；雖然兩人的表演很精采，但光是年齡，就很難說服可以當他們兒子的主考官。

總之形形色色，什麼人都有，身處如此不可思議空間中的我即將上場。老實說，緊張到幾乎不太記得當時情形，只依稀記得，我高唱關西大學校歌的樣子，讓主考官一臉困惑。

當我步出面試會場，腦中霎時浮現「落選」這詞，想著如何向宿舍那群人解釋；「我去會場路上，撞見一位歐巴桑暈倒，當然不能當作沒看到，趕緊送她去醫院」，從這般冠冕堂皇的藉口，到「因為主考官講話實在很難聽，所以我忍不住揍他一拳」如此誇張的說詞，在歸途上絞盡腦汁思索。

結果我決定以「那裡不是我想待的地方」這句乍聽很酷、其實很遜的說詞來搪塞。我肯定會落選吧。不知為何，竟然有種鬆了一口氣的感覺。反正我還在念書，還有

*讀作江頭二點五十分，是日本搞笑藝人。

時間想想這條路該怎麼走……我思忖著。

另一方面，也有點恐懼。這一年要是堵著退路的牆崩塌了，我要逃向新選項嗎？遲遲沒收到合格通知單。難道我連站上搞笑藝人的起跑線機會都沒有，就這麼結束嗎？我不停胡思亂想。

突然收到通知，是在我們幫宿舍學長們舉行的畢業歡送會上，學長們一一致感言時。

輪到植村學長說感言，只見他紅著雙眼，說道：

「我在這裡度過愉快的每一天！謝謝大家！還有今天，我的一個夢想實現了。」

植村學長看向我，隨即從西裝內袋掏出一張明信片，依舊看著我：

「這也是我的夢想。亮太想成為藝人的這個夢想，順利跨出第一步了！」這麼說。

他手上拿著藝能學院寄來的合格通知單。

「恭喜你！亮太。」

植村學長哭得唏哩嘩啦，我也哭得好慘。

我們讓下一位等著說感言的學長不知所措。

於是我再也無法回頭，只能繼續往前走。

第二章　起跑線

藝能學院這處魔界

我升上大三的同時，也成為NSC的二十二期生，同期錄取人數有我考取的大阪校約六百人，東京校也約六百人，所以光是吉本這體系，就有一千二百位與我同台較勁的對手。

開學典禮是在搞笑的殿堂「難波豪華花月劇場」（NGK）舉行。我們坐在觀眾席上，聽著偉人們致詞；雖然已經記不太得致詞內容，但光是聽著公司幹部致詞，就覺得自己成了藝人而亢奮不已。當然，也有那種從頭到尾都一臉呆樣的學生，不然就是猛提怪問題，或是吐槽致詞內容的傢伙。

我冷眼看待他們一點也不好笑的行為，一面在心裡默默否定：「做這種無謂的事，只是自食惡果罷了。」一面肯定不隨雞起舞的自己。

開學典禮結束後，接著是說明會，領取印著名字與班別、還有掛在脖子上的學生證，依指示前往教室。教室位於劇場旁邊的綜商大樓五樓，幾十個人聚集在四周用鏡子圍起來的房間裡，分發的課表上頭寫著講師陣容與上課時間，每天每一格都有標示課程內容，確認好課表內容後便解散。宣布解散的瞬間，有人隨即大喊：

「來唷！開始找搭檔配對吧！有意願的人等一下去KTV集合哩！」我被精力充沛

的關西腔氣勢壓倒，像被這番話推著步出教室，返回宿舍。

站上起跑線，還真不是容易的事。想說已經站上去了，卻又冒出新的起跑線；一旦躊躇不前，只會被先起跑的人遠遠拋在後頭。明知如此的我，還是逃走了。

為什麼逃走呢？因為一想到那種被遠遠拋在後頭的恐怖感，就焦慮不已。

彷彿有人在耳邊慫恿我逃走：「焦慮只會招致失敗哦！」因此，如何無視這句話？該怎麼行動？這是我的課題。

就算焦慮一事很糟糕，但選擇不付諸行動一事更糟。因為「焦慮只會招致失敗」這句話而裹足不前的我，選擇蒙頭大睡，實在很糟糕。我拚命思索，如何將焦慮化為力量，又該如何付諸行動，其實站上起跑線應該是件開心的事，所以要是不趕快起跑，就太可惜了。

雖說如此，我實在不知道該怎麼做，只能一再要脅自己，明天必須積極行動，設法將焦慮化為積極行動的引擎。

我決定過著努力修完大學畢業所需最低學分，以 NSC 為重心的生活。

NSC 的課程即將開始，我戰戰兢兢地走進教室。那麼，都是上些什麼樣的課呢？肯定不少人有此疑惑，容我簡單說明。

基本課程是發聲練習，讓學員參考現役腳本家的創意素材，也會討論不夠出色的創意素材、舞蹈，還有講師陣容的獨門絕活等。

關於講師的獨門絕活，我到現在還記得有一門課的老師在白板寫上「つぇーまん」，隨即大聲唸出來，要我們跟著複誦。

接著，他又寫了「姐姐」，老師唸一遍，我們也唸一遍。「姐姐。來，唸一遍。」、「姐姐」。

一臉認真的講師看起來約莫五十幾歲，應該沒失智；我心懷恐懼地跟著大聲唸著。講師扯著嗓門對我們說：

「開始活用。蘋果姐姐，前幾天讓你破費了。來！」

「來」是要求我們跟著唸的虛詞。

「蘋果姐姐，前幾天讓你破費了。」

這練習做了一會兒後，要求我們排成一列的老師說：「用身子體驗一下專業級吐槽方式。」隨即敲著每個人的肩頭，邊嚷嚷：「搞啥啊！」

老師敲完所有人的肩頭後，喘了口氣，說道：「今天就上到這啦！」結束這堂課。

這是我第一次上這堂課，也是最後一次。順道一提，「つぇーまん」是業界用語，也就是一萬日圓的意思。

搭檔一定要是帥哥

雖然我已入學，卻還沒真正起跑，眼看周遭已經有人找到搭檔，開始發想題材。我也很想主動搭訕：「願不願意和我搭檔？」但長年老友「怕生君」又趁勢來亂，害我遲遲跨不出這一步。

一無所獲的我就這麼回到宿舍，見到一群露出興奮又好奇的眼神迎接我回來的夥伴們，自然又點燃我心中名為「焦慮」的引擎。

現在不是怕生的時候，該拿出空虛自信這筆存款一用了。必須試著將焦慮化為武器，拿出迄今累積的自信，轉換心情才行。

「一直想成為搞笑藝人的我，要是因為怕生這個無聊透頂的理由，而比人家晚出道，不是很冤嗎？」

想像比別人起步晚而引發的地獄景象，更催促我往前。

隔天，我主動向比我心中描繪的理想搭檔還要帥的男學員出擊。

妹妹頭、戴著紅框眼鏡的男人死命尋找帥哥的模樣，乍看是多麼可怕的光景！但我心裡已經決定，搭檔一定要是帥哥。

理由很簡單，因為可以吸引我無法吸引到的族群，也就是擄獲女粉絲的心。再者，這也是想哏的一個絕佳切入點，所以我的搭檔一定要長得夠吸睛。

至於如何開口邀約呢？我使出的策略是：將好幾本破舊筆記本放在他面前，然後強調自己「發想了各式各樣的哏」。

沒錯。畢竟要說服對方和醜男搭檔，只有這招。我拿起其中一本，當著他的面啪啦啪啦翻頁，讓他見識寫得密密麻麻的筆記本，和我搭檔有多大好處。事實證明，這招有效。

總算有個讓我覺得和他搭檔應該很愉快的帥哥，而且算我運氣好，幸好這位帥哥並未仔細翻閱我的筆記本，便決定與我搭檔。怎麼說呢？因為除了我遞給他看的這本之外，其他都是學校上課用的筆記本，所以他要是每本都翻閱的話，勢必露餡。總之，我自覺這招策略不錯。

找到的搭檔M君，是小我一歲、來自三重縣的帥哥。

暴君山里

我是渣男，是個無可救藥的男人。我要對M君說，對不起。

接下來要敘述的，與其說是回憶，不如說是罪犯的自白……

我對搭檔M君的所作所為與暴君無異，明明兩人應該是對等關係，但光是想哏一事，我就一副以上對下、高高在上的模樣。總之，我對他不斷提出無理苛求。

例如，M君的口條不太好，尤其發某些音時，根本口齒不清；一問，才知道他不會捲舌。於是，我叫他到藝能學院附近的墓園，站在我面前練習捲舌，就這樣練了大半天。

我也不懂為什麼要在墓園練習，只見M君一直嚕嚕嚕地努力練習。如果這裡是連續劇「來自北國」的場景，肯定會被說聚集好幾百隻北海道狐狸一起嚕嚕嚕吧。

他也曾讓我叨唸三小時：「搞什麼鬼啊？」還不准他去打工，連續看幾十部我挑選的搞笑片；不然就是他女友從故鄉三重來找他那天，我突然叫他出來練習，不讓他們約會；規定他一天之內想三十個嘲弄醜女的詞；或是出去玩時，要求他先想十件可能會遇到的事。可說惡行不勝枚舉，上述種種只是一小部分。

我對M君深感抱歉。

還有，好比要是看到某對搭檔默契不錯，我就命令他去打探不利對手的情報；出場表演時，要是他行禮動作不合我意時，就會要求他練習好幾個小時；還有排練關於警察的哏時，要求他一直練習敬禮的動作直到我滿意為止。

真的很對不起盛讚這樣的我「熱情逐夢」的M君。其實我是個推諉卸責的傢伙，讓M君背負一切後，才發現自己明明做得到，卻一再逃避。

M君被我的惡行不斷折磨後，不但心神疲憊，毛髮也變得稀疏、雙頰凹陷，原本是帥哥的他，變得說像「死神」也不為過。

身處這般地獄關係中的我們，依舊每天排練、發想哏。

就這樣到了要在課堂上驗收成果的日子。老實說，我的內心很糾葛，除了想讓大家早點見識到我們的實力，有著「絕對不輸給其他搭檔」的自信之外，卻也擔心起步晚的我們，萬一表現很差，遭眾人恥笑；還有我這一口不夠道地的關西腔，會不會被真正的關西人瞧不起？總之，整個人陷入情緒漩渦，結果藉口逃避的念頭又在腦中逐漸膨脹。

這般心情在山里體內特設擂台上越演越烈。就在這時，「大方秀出來團隊」出現強而有力的支持者。

說是支持者，其實是自己為了堵住退路，一直以來築的一道牆，那就是：允許我去關西發展的父母；高三時默默幫我支付考試費用的哥哥；還有將我想成為搞笑藝人的目標當作是自己的目標，真心為我高興的學長們；還有第一次去NSC時，在宿舍玄關為我盛大送行的宿舍夥伴們；以及我那紙糊的自信；還有慘遭我折磨的搭檔。是他們促使我萌生「不能就此逃走」的力量。

再也沒人能阻止我秀出實力了。

還記得我和拍檔初次展現實力的那天。

「我們要在今天的課堂秀給大家看。」我在公園對M君這麼說之後，隨即去上課。

在寫有熟悉名字的白板上，寫下我們的組合名稱「武士一拳」，馬上感受到周遭飄散「他們好像很厲害！」、「會是什麼樣的表演呢？」這般氛圍。我努力想起那些支持者們，拚命使用紙糊的自信，準備讓眾人見識一番。

結果徹底失敗，而且之後還嘗過無數次這種苦果。抱持同樣目標的人露出「搞啥啊？」的眼神瞅著我們，絲毫沒被逗笑。

這是面對挑戰時，最合理的一種藉口，為了讓自己不會因此沮喪、放棄。

總之，為了不讓心靈傷口擴大，我覺得事先準備「用來肯定眼前負面之事」的藉口很重要，所以每次遇到不順心的事，我一定會這麼做。

我覺得有個能讓「積極挑戰後，即便失敗也能堅持下去」的藉口是最強的武器。然而，這個藉口不能只是避免內心受創，倘若不能促使自己持續努力，那就不是好藉口。

我立刻筆記老師的講評與提點，然後步出教室，前往排練的老地方——墓園，和拍檔討論、練習，隔天請老師過目修改後的哏。

於是，老師給了我們和其他組一樣的評價：「要再好好發想哏，裝傻部分也要加強練習。」所以我們不是特別差。為了抹去老師這句讓人多少心頭不安的話語，我死命觀摩其他組的表演。

我之所以認真觀摩別人的表演，與其說是參考，不如說是為求安心，確認有無特別厲害的傢伙；待確認沒有之後，著實安心許多，又和搭檔前往墓園排練。

大放異彩的「金剛」

雖然我們的第一次演出帶給我很大衝擊，讓我清楚認知自己並不特別，也沒人認為我有多特別；不過，這次經驗也一掃我的扭捏態度，之後每次都很大方秀出我們的哏。

這是夏天即將來臨時的事。從四月開始，NSC 陸續有兩個被選為 MVP 的組合宣布解散，而且這兩個組合負責裝傻的一方湊對，另起爐灶。他們的新組合就是現在也很活躍的「金剛」*。

「金剛」竄起得又快又猛，老師每次在課堂上，都會大力稱讚他們的演出。某位老師授課時，還不禁脫口而出：「今年出了個金剛，一切都值啦！」

等等！為了坐在這裡上課，我們也是帶了四十位福澤諭吉來吔！為了湊齊四十位福澤先生，我努力打工，還以買課本為名義，求爸媽多匯些生活費給我，一點一滴努力攢來的吔！雖然很想發飆，但「金剛」的實力輕易地讓我吞回怒氣。

某位 NSC 的前輩曾這麼形容「金剛」：「我們就算全力奔馳，也只能達到一般機車的速度，『金剛』卻像是冷不防衝出來的 F1 賽車。」

所以我那時努力找尋可以不與「金剛」比較的正當理由，好比他們的哏其實跟誰誰

*金剛：梶原雄太、西野亮廣的搞笑藝人組合。

誰很像、他們總有一天也會走下坡啦！不然就是我們的笑點和他們完全不一樣，根本沒必要拿來比較……無奈告訴我這些努力將化為泡影的日子即將來到。

「金剛」在學時便奪得大獎，大放異彩，這讓藝能學院的老師們興奮不已。

某位老師甚至在課堂上播放他們得獎的漫才表演與領獎片段，要求我們寫心得報告。我打從心底怨憤不已，覺得備受屈辱，所以到現在還清楚記得老師當時的側臉；只見他微笑看著影片，一次也沒看向我們。

既然有時間這樣搞，那就多指導我們怎麼想哏啊！我很想怒吼，但想到優等生的成功也是給我們一種刺激與啟發，所以還是和大家一起默默看著。實在很想將掛著電視的那一面牆，也就是隔壁教室的牆壁……

當時，NSC有所謂「十年說」，也就是從第一期生「DOWN TOWN」*大成功後，過了十年又迸出「NENETY NINE」*，然後再過十年就輪到我們這一期。我想，大家都抱著「應該是自己出人頭地」的雄心壯志吧。

無奈結果顯而易見。

就算是裝出來的，也想成為天才

雖說是這樣的結果，但怎樣也無法放棄的我，還是拚命想哏，卻沒有想出什麼讓人

* DOWN TOWN：松本仁志、濱田雅功的搞笑藝人組合。
* NENETY NINE：岡村隆史、矢部浩之的搞笑藝人組合。

眼睛一亮的東西。老師們面對「金剛」時的笑容，從來沒讓我們看過，但我一想到要是就此止步，只怕會被浪潮吞沒，人也跟著怠惰，所以還是勉勵自己勤快創作。

其實很多時候都讓我想打退堂鼓，只是退路被一堵牆擋住，因此除了努力之外，沒有任何能讓自己「不被這股浪潮沖走」的方法；畢竟要是沒了「努力」這燃料，我那紙糊的自信也會崩壞殆盡，所以就連我們在路邊練習時，碰巧路過的歐吉桑的笑聲都能成為莫大助力。

現在想想，老實說啦，真不曉得我們的表演到底哪裡好笑，也不知如何做出有趣的哏，只知道不能就此打住。

反正拚命寫就對了。面對捉摸不清的東西，就是一直寫、一直寫，直到身體記住，這是我重考時候養成的習慣。或許這麼做毫無意義可言，但「不能輕言放棄」這件事很重要。

總之，試著寫下自己喜歡的藝人的哏就對了。比方說，那時我一邊看著偶像「爆笑問題」*在綜藝節目的演出，拚命記下他們講的每一句話。又好比看著「DOWNTOWN」主持的節目，看到不由得笑出來的地方時，就在筆記本寫下讓自己覺得有趣的點是什麼；也會試著模仿有趣之人的有趣之處，還因為聽說某位前輩看辭典學習，於是我也依樣畫葫蘆，想說藉以增進詞彙力。

*爆笑問題：田中裕二、太田光的搞笑藝人組合。

我知道這種事不該大剌剌地說出來，畢竟知道我如此拚命，看的人怎麼笑得出來，是吧？所以我都是躲在家裡做這些事。目的只有一個，那就是希望別人誤以為我是「天才」。

因為我覺得「讓別人看到努力搞笑」是件很丟臉的事。

畢竟身處和「拚命」、「竭盡全力」這些詞彙一點也不搭，「真正的天才」創造出來的搞笑世界，唯有輕輕鬆鬆就能將腦子想到的東西說出來，逗得別人開懷大笑的人，才是真正的藝人；應該說，是我憧憬的目標。

但是當「並非此類的人，並不適合待在這世界」的答案出來時，這答案瞬間成了「怠惰的理由」，所以為了拚命無視這答案，只能努力別讓自己選擇逃避這選項。

雖說如此，不知道該用什麼方法努力的我，只能卯足全力做好簡單的事。每天乖乖上課就不用說了。為了上人氣講師的課，一大清早就在校門口排隊；觀摩別人的出色表演，從中發現自己的缺點；一邊看其他組表演，一邊筆記他們演出時的缺點、想新哏，再請老師指點剛寫好的哏。我和搭檔下課後，總是一邊討論，一邊前往老地方繼續練習。

我一直拚了命的努力，因為要是不這麼做，紙糊的自信隨時會剝落，加上父親要我「畢業後認真找份工作」的這番話讓我更沮喪。

總之，拚命努力讓我認為自己是天才，讓我覺得自己「都已經努力成這樣，根本就是專心致志的天才啊！」

就這樣一直努力下去的我發現一件事，那就是：「自己還真是個一股腦兒的笨拙男人啊！」雖然乍聽之下，好像在貶抑自己，卻也有種「這樣的自己不同於一般人」這般莫名的自我肯定感。於是，就這麼把自己打造成「假天才」，這是守護自己的一大方法。

這樣的我，硬是幹了不少蠢事。好比走在街上一邊喃喃自語，一邊筆記，結果不小心撞到牆，還裝出一副突然迸出靈感的樣子；不然就是隨意坐在地上，不曉得在振筆疾書個什麼勁，就這樣模仿自己憧憬的天才像，誤以為自己是個天才。

另一方面，我對於M君的暴行更為變本加厲，以為他會一直容忍，一起為共同目標努力。

天狗山里有個不斷變長的鼻子

那時純粹來聽課、下課就閃人的學員們，聊的都是這樣的話題，「聽說『DOWN TOWN』那時幾乎都不來上課」、「我也聽說『NENETY NINE』後來因為付不出學費，被NSC開除學籍後，就沒來上課了」。他們八成想藉由閒聊這些事，死命肯定自己的怠惰吧。

我完全沒立場批評他們。為什麼呢？因為我也在做同樣的事，也就是從那些被世人稱為「天才」之人的八卦、軼事，找尋合理化怠惰的藉口，理所當然的蹺課。好比「DOWNTOWN」曾說：「搞笑藝人上什麼舞蹈課啊！一點意義也沒有！」所以每當我心情不好時，就會以此為藉口蹺舞蹈課。

唯獨展現實力時，我絕對不會找藉口逃避。一方面是想把握每次機會，讓大家見識我們努力的結果，二來也是自以為是的心態在作祟。

進入 NSC 後半段課程時，學員們的學習心態更為顯而易見，有時課堂上只有我們這組上台表演。畢竟藝能學院會挑選幾組參與現場演出，這誘因成了我強化空虛自信的助力。

然而，紙糊的自信有時也會朝向不好的方向，所以要想鞏固「自信」這玩意兒，必須具備另一個東西……那就是山里天狗的大鼻子。

明明只是 NSC 學員的我，竟然覺得自己是背負吉本興業招牌，足以獨當一面的藝人。

現在說來還是有些難為情，當時還未成名的矢井田瞳和我是同一屆大學同學，碰巧有彼此都認識的朋友。我們初次見面時，「你好，我是山里。」我說這句話時，天狗山里還沒跑出來。

「妳說妳是在搞音樂的，是吧？希望我們有機會合作囉。對了，今天我們宿舍的午餐是咖哩飯，我得趕快回去才行，不然晚了就沒辦法多吃了。」我說完後隨即離開。

真是錯失良緣啊！無奈天狗山里那時居然一副「我才沒把你放在眼裡」的傲慢態度……現在回想，還真是丟臉的迅速閃人招數啊！天狗山里就是這種男人……

幾個月後，矢井田小姐爆紅……沒想到我這個天狗身旁竟然迸了個大紅人，讓我不但自慚形穢，還有著難以言喻的懊悔心情……

那時，我要是很紳士地向她打招呼，或許會因此突然拉近彼此的距離，甚至進一步交往……搞不好矢井田小姐的成名曲《Darling Darling》變成「小山～小山～」也說不定呢！

可想而知，矢井田小姐的名曲怎麼可能因此失了水準呢！呵呵呵……我的嘴角浮現輸家的笑容，聽著她的歌。

走筆至此，或許讓人覺得，一直正視自己很平庸，卻始終努力不懈的我，猛說自己自大一事很矛盾，但坦白說，我很容易變成天狗。

我明明不斷誇讚自己，甚至蒐集周遭人對我的誇讚，拚命當個假天才，但天狗山里還是不時迸出來。

比方說，大家聚在宿舍的電視機前看綜藝節目時，我會用「好像見過那個人」的口氣說：「〇〇今天的狀況好像不太好啊！剛剛那裡應該再加兩個爆點比較有看頭。」不然就是經過電視台大門口時，向站在門口的警衛先生打招呼：「您辛苦了！」或是在學校看到那種不受教的傢伙，就會忍不住出言教訓幾句；也曾看不慣宿舍某位學長的所作所為，和他大吵一架之類。還記得我在學校禮堂表演完後，隔天上學時，還請幾個學弟當保鏢，幫忙開路。

總之，盡是做些令人難為情的事。我就是這樣，不時會化身天狗，總是在過於自以為是時，山里天狗突然現身。那麼，該如何讓這隻山里天狗閉嘴呢？

首先，確認自己哪時候不會天狗現身，看看和自己年紀相仿、卻相當活躍之人的成功經歷，以及聽聽別人（值得信賴的人）對自己的批評，蒐集這些可以折斷天狗鼻子的要素。

相反地，要是沒有下意識蒐集這些要素時，就是進入天狗狀態。有鑑於此，我寫出這些要素，貼在一眼就能看到的地方，方便隨時提醒自己。這麼一來，就來盡快折斷天狗鼻，惕勵自己。

傳說天狗嗜酒，所以要想折斷天狗的鼻子，趁其喝得醉醺醺時下手就對了。但我覺得，要摘掉我這天狗鼻，起碼得花上兩倍時間。總之，順利折斷天狗鼻，完成封印後，勉勵自己繼續努力。

然而，我在努力的同時，對搭檔的要求也更嚴苛……

一切歸零

就在即將從NSC畢業之際，我和M君一如往常展開地獄式練習時，他對我說了這麼一句話。

「饒了我吧……」

我沒有馬上會意過來這句話的意思，所以對他更為嚴苛。事實上，M君每次聽完我歇斯底里的說教，就會喃喃自語：「我們解散吧！」

直到某天，我的立場突然轉換，我拚命說服他，說了一大堆他的好處。

可惜一切都太遲了。那時，我逐條列出自己的種種惡行，赫然發現根本不勝枚舉。不管怎麼說，M君對我而言，真的很重要。一直以為只要我不主動提出解散，他就會一直跟著我，顯然是我太以為是。

就這樣，一切歸零。

現在的我更覺得，要不是身邊有個能容忍我各種惡行的M君，我恐怕不會發現自己其實是個沒才能的傢伙，還一直深信，自己天生就是吃搞笑藝人這行飯。

只能說，M君真是個心胸寬大之人，一直努力隱藏「放棄」這選項，不讓我察覺。

然而，當時的他被我折磨得身心俱疲，真的很抱歉啊！M君。

畢業前夕，我們協議解散，這件事在班上只掀起一點點騷動。孤伶伶的我，什麼也沒辦法做，藉由指責對方的無能，而得到的假天才成就感，在被剝除的瞬間，化為無盡焦慮。

就在這時，有位 NSC 的講師對我說：

「山里，想介紹個男的搭檔給你……」

或許在老師眼中，雖然我不是特別有趣，也不是格外醒目的學生，卻是個每次都會請他過目新寫的哏，總是頻頻提問、死命筆記，非常認真又努力的學生。

聽到這樣的學生突然陷入沒了搭檔、只好宣布解散的窘境，擔心不已的老師介紹一位帥哥給我，於是我們合組了「足輕皇帝」。

第三章　焦慮

新搭檔富男君

透過 NSC 講師的介紹，下課後在教室與我的新搭檔見面。眼前這位微笑向我打招呼的好青年，名叫西田富男。看起來體格頗結實，但骨架不至於太大，像是個性爽朗的猩猩，應該可以歸類為帥哥吧。加上他曾任職服飾業界，有著一定的時尚品味，這條件不錯。

題外話，現在我總是繫著絲巾的招牌裝扮，就是他的建議。工作經歷、時尚品味、長相……我的腦中擅自變成試鏡現場。那麼，經過一番腦內審查的結果是……

「嗯，長相及格。」我活像有錢大媽……貴婦盯著牛郎品頭論足，絲毫沒想到，要以搞笑才能作為品評選項。

因為當時的我始終抱持「搞笑由我來，搭檔一定要是帥哥，才有吸睛效果」這般該說是傲慢呢？還是謙虛的態度。

幸好對方也覺得：「很高興和小山搭檔。」

他的這句話，瞬間抹消我對於M君的深切反省。我就是那種知道別人仰慕自己就立刻擺架子的渣男。

從此，我又開始堆疊各種願望，一天二十四小時，滿腦子只想著如何搞笑，希望能寫出更扎實的哏，希望做所有本來不可能做的事。好比積極參與演藝圈前輩辦的聚會，和吉本的工作人員建立更親密的互動關係，還有為了得到女粉絲的青睞，希望自己經常保持時尚帥氣的模樣，所以也希望提升自我的時尚品味，當然更希望和搭檔排練時一直都很順利，彼此能提出更積極正面的建議……

當我列出願望清單後，忍不住吐槽自己：「你以為你是誰啊？」……

沒想到新搭檔笑容滿面地說：「我會努力的！」照單全收。

只見他說：「我來自我介紹一下吧！」一邊跳著哥薩克舞，一邊有節奏地拉闔褲子拉鍊，「哥拉鍊舞！哈哈哈！」這就是他很自豪的「哥拉鍊舞」。

要是一般的相親，早就破局了。但我們是在找一起搞笑的搭檔，所以我一臉崇拜地看著他的招牌搞笑動作「哥拉鍊舞」，就像少女漫畫女主角看著一心愛慕的前輩打籃球的感覺，新搭檔富男的「哥拉鍊舞」在我眼裡看來是如此閃亮。

我做不出這種搞笑動作，所以看到新搭檔能彌補我的缺憾，真的很開心。感覺自己朝搞笑藝人發展的目標又挺進一大步。

於是，我有了新搭檔，原以為消失的起跑線再次出現。多虧這番波折，讓我體悟到，這條起跑線有多重要。

倘若不就此止步的話，失敗便成了下次成功的最強香料。興奮不已的我返回宿舍後，依舊雀躍無比，還將興奮心情與同寢室的前輩、室友分享。

「這次的搭檔很厲害，還會跳哥拉鍊舞呢！」

雖然大夥的頭上彷彿出現大「問號」，但還是替我高興，努力附和：「太好了。你找到會跳哥拉鍊舞的搭檔！」

我坐在書桌前開始寫哏，竊笑地寫著我們要排練的哏，然後連同隔天練習的時間與地點，一起用 mail 傳給他。沒想到他也光速回信，於是我又竊笑地振筆疾書。

其實，我應該好好謝謝他讓我吟味到這種心情。現在想想，富男君是促使我能繼續在演藝這條路上挺進的恩人，只是我實在很差勁……

加倍要求我的搭檔

「怎麼連這一點點東西都記不起來啊？！」

排練第一天，我就對富男很嚴厲。我把寫好的哏遞給他，要求他當場完全牢記。

「對不起啦！小山。我腦筋不好……」

富男很坦白地道歉，我卻無法接受他的坦然，嚴格要求：「要更努力一點啊！」他也確實加倍努力了。我卻不講理的嗆他：「什麼都不會就沒資格抱怨！」

……我現在明明是在寫自己的事，卻莫名生氣，不難想像那時的富男肯定惱火百倍吧。無奈那時的我，卻連這種事都沒察覺。

想必不少人都覺得，這樣的組合應該很快就解散吧。沒想到居然撐了兩年。

理由只有一個，那就是：我的搭檔富男是個好到令人匪夷所思的傢伙。每天看到我寫的腳本，總是「好有趣喔！」、「太有才了！」這麼鼓勵我。知道我喜歡吃咖哩，他隔天就說，查到附近有哪家店的咖哩很美味之類。

我怎麼會對這麼好的人，做出如此過分的事呢？明明還沒讓他看到什麼美好的景色。

富男深受朋友信賴，也很得前輩疼愛，是個非常謙虛有禮的人。好比前輩抽菸時，他會抓準時機遞上煙灰缸，要是奧運有這種比賽項目的話，他絕對是亞洲代表，而且他總是微笑面對我出的任何難題。

因為和他在一起實在太舒服了。我甚至忍不住說過這樣的話：「你要是女的，我就會娶你吧！」

但那時的他，似乎從我帶著憂愁的濕潤眼瞳感受到失望吧。「唉~我真的很遜，口又拙！」這麼說的他總是莫名地沮喪。

其實富男的經歷十分波折，原本是暴走族老大的他當過牛郎，後來想成為搞笑藝人。所以要是認識他的時候，他還是暴走族的話，我們的立場肯定對調吧。

他有著讓人不覺得比我小兩歲的沉穩氣質，個頭比我高；雖說他當過牛郎，但不是那種陰柔輕浮的長相，而是有點粗獷感。老家是製作剝栗子器具的工廠，所以他曾瞅著糖炒栗子說：「我家就是在做剝栗子用的東西。」

原本該繼承家業的他，卻對父母表明要進演藝圈發展，所以更不能為了一點小事就氣餒。這是我聽和他同期的好友說的。

「我覺得小山是天才，所以光是願意和我搭檔，就讓我很感謝了。」

所以他才能一直忍受我各種極度不合理的要求。

要是一般人就會心存感謝，改變態度。但差勁如我，還是一直像個暴君，對他情緒勒索，將他的信賴感視為「反正不管我做什麼，他都能包容的免罪符」。

還請閱讀至此，已經稍嫌不耐的人務必抱著「要是自己是神，會給山里什麼懲罰？」這般看收場戲的心態，試著重振精神吧。

快點察覺啊！那時的山里啊！既然有本事惹惱別人，就更應該將努力自律的心情化為一股朝成功勇猛奮進的力量，不是嗎？

無奈這說法對我而言，根本是幻想。明明自己處於進退不得的窘境，還誤以為自己很厲害，也就逐漸拉開與搭檔之間的距離……

當然，那時的我不可能聽到這樣的忠告。愚蠢的山里呀！你再這樣走下去，不久就會被無情的後悔烈焰焚身啊……
好了，話題再回到毫無自覺，就這麼一路前行的山里青年。

拚命假裝是天才

那時再過一個月，我就要從 NSC 畢業了。總覺得身處大學校園時，自己成了特別的存在。舉例來說，升上大三就開始三月求職活動的同學常對我說：「真羨慕你啊！找到自己想做的事。」不免又補上幾句：「要是能給某個程度的薪水，我哪裡都能待啦！」、「怎麼覺得好像提不起勁找工作啊～～」。

每一句話聽在我耳裡是如此特別、療癒，明明也不是多特別的話語。總之，一旦盡信這些話語的結果，就是看不清現實為何，所以如何好好活用這些欽羨之詞，冷靜面對現況，真的很重要。

我告訴自己：

「周遭人越是這麼說，自己就越沒退路了。」

於是，錯覺「自己很特別」這件事成了一股治癒力，治癒「攻擊你、要你放棄夢想」造成的傷。我思索著該怎麼做，才能更加感受「自己很特別」。

這就是那些天才與我這凡人之間最大的差異。因為天才不需要特別做些什麼，便能讓周遭人認為他做的事、說的話「很特別」、「與眾不同」，就是這麼回事。

相反地，我必須刻意逼自己做些讓大家認為「很特別」的事。

藝人多少都有些趣聞軼事，而且大多是一般人不會碰到、不會做的事，當然這些事也有天才與凡人的差異；不過，我覺得重點不在於這些事勁不勁爆，而是是否刻意為之。

好比我想做些奇特的事，但天才不管做什麼都被認為奇特，這就是無法填補的差異，只是在別人眼裡，一樣都是「做事很奇特的人」。

對我來說，這就是一大重點，那就是努力不讓別人覺得「凡人想做奇特的事」。

也許坦白這種事，真的很羞恥，但努力能夠獲得相當大的東西，那就是讓人覺得「你很有趣」、「你是個咖」。

我在掩飾自己很努力的同時，也不忘催眠自己是個天才。好比我努力做什麼奇特的事時，總是一副自己無意識這麼做似的誇讚自己：「哇！真是厲害啊！一般人才不會這麼做呢！我也太厲害了吧。」就是用這樣的感覺催眠自己，覺得自己很特別。

然後當別人說我很特別時，我會露出「是喔？」的不解表情，一副「大家不都是這樣嗎？難道不是嗎？」的感覺。其實我可是經過一番努力，一點也不覺得這麼做理所當然。

雖然這麼做很愚蠢，但對我來說，真的好有效。

比方說，公園有個餵養流浪貓、人稱貓婆婆的阿姨，我總是裝扮成貓，去她餵貓的地方吃貓糧……

我拚命想變成怪咖，也努力扮演怪咖，還會露出自己是一時想到、無意中這麼做的表情。

其實這些別人眼中的奇特行為，都是我死盯著書桌上的筆記本，苦思出來的，而且筆記本上還寫著：「天才會自然而然做這種事。」

光是「或許看起來像個天才」這目標，便讓我有勇氣更加努力。或許對別人來說，天才是遙不可及的存在，有時甚至和麻煩劃上等號；但我就是想給自己添些自信，至少每當自己做什麼都不順心時，能夠成為一大助力，所以拚命假裝自己是天才。

有一種徹底被擊潰的感覺

從解散到東山再起，一切從零開始的那段期間，是我在 NSC 的最後一個月，可說是拚了命地努力。

那時，從起初還有六百位同期生，一路下來只剩不到百人。原本是同期生的五百人當中，有人在 NSC 結識賣雞蛋糕的老闆，從此迷上烤雞蛋糕；也有人活用在 NSC 培養出來的口才，當起牛郎；還有人為了再次考進東京的綜合藝能學院，想辦法去那裡打工，後來因為工作態度認真還被留任。總之，許多人在這條形形色色的人生道路上轉換跑道。

那麼，其他人的情況呢？我也不清楚。無論是在即將高唱驪歌、只剩最後幾堂課時，「到底該如何發想哏？」這麼提問的那位學員，還是誇下海口，說什麼：「藝人就是要到處找樂子，所以認真上課的傢伙不可能紅啦！」結果幾乎沒來上課，就算難得露臉，也是為了約女學員去玩。自稱「實力超越 DOWN TOWN 的男人」，還有一身緊身衣，用麥克筆寫上「西裝」的那個男學員，也不清楚他後來如何了。

堅持到最後的將近百位學員中，包括獨自一人、三人團隊，共約五十組。NSC 給這五十組的畢業公演開了有點殘酷的條件，也就是區分等級。

依表演時間分為1分組、3分組、5分組，時間越多，當然代表越優秀，而且5分組只選五組，分明就是要讓我們緊張到不行。

就這樣到了公布分組結果的日子。我一邊安撫自己：「我們搭檔才一個月，這是萬一無法成為5分組的最佳藉口。」一邊走向會場。

當我看到公佈欄上「足輕皇帝5分」這排字時，倒是表現得十分鎮定，並非顧慮沒被選上之人的心情，而是覺得這時表現冷靜，才能顯得自己十分大器。現在想想，我的表演方式要是看在國際名導蜷川幸雄先生眼中，肯定慘不忍睹。那時的我卻覺得自己的表演很讚，像是能一邊 key 字發 mail、一邊手寫般游刃有餘。

我壓抑就快迸出的笑意，確認入選5分組的其他四組名稱，的確都是很有實力的對手，名副其實的佼佼者，所以「足輕皇帝」能和他們並列5分組，著實令人興奮。總之，我又存了一大筆紙糊的自信，才搭檔一個月就能和這些高手並駕齊驅的鉅款。

那天回家路上，我們一如往常邊練習，邊走到難波車站裡頭的大型停車場，清楚記得富男雀躍無比的模樣，還有他那「富男氏讚美放鬆法」。「不愧是小山啊！」、「多虧小山的妙哏」……誇得我心都快融化了。真的好療癒，也得到「我們絕對會成功」的自信。

「畢竟我們搭檔才一個月」這句原本用來藉口推託的話語，頓時變成「明明我們才搭檔一個月」，發揮好幾倍效果，強化我那紙糊的自信。

那時的我萬萬沒想到，正式上場時，紙糊的自信竟被剝除。

因為入選5分組一事讓我們欣喜萬分，所以沒注意到公布欄上的某則訊息。

那就是「MC（主持人）金剛」這行字，單純以為是公司告知我們排在「金剛」後面登台演出。

畢業公演開始。「金剛」在滿場觀眾的尖叫、歡呼聲中，飛奔出場。

奇怪……明明我們度過的是同樣的時間，付的是金額一樣的學費，上的是同樣課程，為何如此天差地別？不絕於耳的歡呼聲傳至正在後台排練的我們耳裡，腦中頓時冒出許多問號。

雖然每個人或每組的表演時間有所差異，但大家都能登台表演，所以有那種哏寫得實在有夠糟的傢伙，也有上了台就腦袋一片空白的人，只有「金剛」能把這些人當作哏來嘲弄。

我試著置換角色。我做得到嗎？像他們那樣。

我搖搖頭，試圖抹去這疑問。

終於輪到我們上場，雖然表演得還算有模有樣，卻還是被「金剛」給比了下去。完了……

忘不了那時內心的妒火。

將這般心情轉換成動力一事，著實拯救了今後的我。

漸失熱情也是理所當然

我升上大四的同時，也從 NSC 畢業。

周遭人的求職活動也進入尾聲，已經找到工作的人開始大玩特玩，還沒確定出路的人則是不在乎別人的眼光，繼續四處面試。總之，這是一段氣氛十分躁動的時期，而我的時鐘彷彿和周遭氣氛無關似的獨自運作著。

那時，別人最常對我說的一句話就是：「真羨慕你啊！早就決定好出路了。」不然就是：「你不必經歷辛苦的求職過程，超幸運啦！」反正這些話聽聽就好。我也會因為沒像其他人一樣找工作而深感不安，也會因為發想的哏不被青睞而難受，卻被說好像過得很愜意。

但我知道，反駁這些事，一點意義也沒有。接受負評，面對挑戰，轉化成促使自己不斷前進的力量就對了。

所以每當有人對我說那些話時，我會欣然接受，享受這般與眾不同的優越感，畢竟拜此之賜，我才能欣然斷了退路。問題是，要想享受優越感，必須具備某種東西。

那就是「紙糊的自信」以及「覺得自己為了成為搞笑藝人，真的很努力的行為」，要是沒有這兩樣東西，我會非常不安吧。

而且這種「自己為了成為搞笑藝人，真的很努力的行為」，可以套用於任何事物。只要冠上「為了成為搞笑藝人」這個超好用的修飾詞，便能增添自信。我喜歡「為了○○而做□□」的想法，好比面對正在做的事，怎樣也提不起勁的話，只要在空格填入明確事項，就有幹勁了。

此外，我也很清楚「幹勁」這詞的恐怖之處。當自己覺得「提不起勁」，整個人變得懶洋洋時，腦子裡就會迸出「無可奈何」這詞，而這字眼只會讓自己更懶散。

其實提不起勁是很常見的事，幹勁十足的狀態好比瑪利歐兄弟蒐集星星金幣般，純粹只是幸運女神眷顧罷了，提不起勁才是一般狀態，所以必須常常提醒自己要努力。這麼一想，就比較不會偷懶了。

基本上，我從 NSC 畢業後，不可能以別的方式出道，也只能一次又一次參加甄選、試鏡。我在想，是不是有什麼方法能助我實現夢想呢？於是我想到一條管道，那就是留在 NSC 當助理。

雖說是助理，充其量只是打雜、幫忙發送、影印資料之類，日薪約三千日圓，換算時薪只有三百日圓。這金額少到頓時覺得自己莫非搭乘時光機，回到三十年前？

然而這份工作有著超大好康。原本畢業後，就不方便把自己寫的哏給老師過目，請老師指點一番；但我會趁課堂結束後，待老師有空時，請老師指教。

就在我擔任助理的期間，來了個奇特的女子。雖然她看起來明顯超過 NSC 規定的二十五歲，卻堅稱自己二十五歲，並以十分精采的模仿秀來段自我介紹，還誇口：「總有一天要和塔摩利先生合作。」

她每次的表演都很有趣，令看在眼裡的我們焦慮不已。這個奇特的女子就是日後以諧星身分活躍於演藝圈的友近。

大概是從這時開始吧，傾全力回應我各種無理要求的富男，根本沒辦法好好打工，整個人也愈來愈瘦削憔悴。

無法成為藝人的日子

那時，我們每天一早去 NSC 打工，請老師有空時指點一下我寫的哏，和富男一起練習之外，還會參加劇場每個月舉行的試鏡活動，重複過著這樣的日子。因為要是通過甄選，就能成為劇場的固定班底，可說是登龍門的一大機會。畢竟要是在這舞台表現出色的話，便能以藝人身分正式出道，所以這個選秀活動堪稱是晉升專業之路的第一道關卡。

要想參加這場選秀活動，必須一大早就去劇場購買四張參加活動的票券。因為數量有限制，有時還得熬夜排隊買票。

因此，每月一次的活動當日，劇場門口就會出現大排長龍的情形，還沒正式踏上演藝之路的年輕藝人們默默排隊，除了某一群人之外。

這群人有四個男生，兩個非主流派的搞笑組合，他們總是喝著自己帶來的酒，高談闊論，縱聲大笑。

我冷眼瞅著他們，心想這些人絕對不會紅。

事實證明，我還真沒眼力，這兩組人馬就是「笑飯」*和「千鳥」*。

*笑飯：西田幸治、哲夫的搞笑藝人組合。
*千鳥：大悟、阿信的搞笑藝人組合。

那時的我雖然對他們不以為然，卻也頗嫉妒四個人那種與眾不同的天才特質。這兩組搭檔當時的哏，是全程不開口地瞪視觀眾，堪稱奇才。莫非是我跟不上時代嗎？著實沮喪萬分，只覺得自己和這群怪人還真是天差地別。

當然，過了這關還有那關。一旦過關，就是進入由觀眾票選的決賽，也就是從十五組參賽隊伍選出得票數最多的前三組，取得上場演出的資格。

可想而知，有人針對觀眾投票一事，擬定各種策略。好比收購其他搭檔的觀眾票，或是看起來應該是粉絲頭頭的女孩子事先買好票，然後拜託別人投票給自己支持的搭檔。

雖然我們是決賽的常客，可惜沒有如此熱心支持我們的女粉絲。

所以我們只能盡己所能的買票，然後拜託宿舍學長、同學支持一下。記得有一次，富男請他打工的牛郎店幫忙買票，結果渾身散發香水味的女人與同行的大叔占滿大半個觀眾席；即便如此，我們還是沒能脫穎而出。我思索為什麼會這樣呢？原來他們都沒投票，看到一半就回店裡了。

總之，我們參加了好幾次這比賽，終於沒靠買票也戰贏，拿到晉級賽的資格。

一旦進入前三名，就能參加可以堂堂說出「我是藝人」，拿到固定班底資格的活動「Gabunchoo WAR」，這是爭取參與「Gabunchoo Life」演出的資格賽。

當時的固定班底有「足球時間」*、「黑色美乃滋」*，還有「金剛」。一旦站上這舞台，吉本便會安排上電視節目之類的工作。

我們也參加過幾次資格賽，可惜總是鎩羽而歸，「足輕皇帝」在這舞台上一次也沒贏過。

這時的我總是把責任推給搭檔，但其實心裡多少明白為何失敗的原因。

不是搭檔表現得不好，而是我發想的哏不夠好；雖然我窺見到這樣的事實，卻為了試圖掩蓋自己的錯，對搭檔更加嚴苛。只因為不想讓對方看到「一切的錯在於我」這個殘酷的事實。

我不是天才，所以更不想讓對方知道，我是個沒才能的傢伙。

到底什麼叫做「有趣」

坦白說，我不曉得如何創造出有趣的東西。那時發想的哏不是發自內心覺得有趣的東西，而是有種在寫作業的感覺；但那時的我覺得，這麼做理所當然，畢竟工作哪有樂趣可言。

總之，就是抱著自以為專業的驕傲心態吧。明明這想法大錯特錯。

當時的作法大概是這樣的感覺。

*足球時間：岩尾望、後藤輝的搞笑藝人組合。
*黑色美乃滋：小杉龍一、吉田敬的搞笑藝人組合。

⊙【醫院的哏（山里／醫生 富男／病患）】

富男：醫生，我好像感冒了。有點發燒。

山里：冰敷一下比較好吧。把這個貼在額頭上吧。

富男：這是什麼？

山里：這是「被批老是講冷笑話的藝人」（※一點也不有趣）的照片。

那麼，要用哪位藝人的照片比較貼切呢？我默默思索著，想了五十個答案，從中選了一個自認為最好的答案。

也就是挑一個「世人都這麼認為，但其實自己不覺得有趣」的答案，只能想出這種沒什麼特色的哏。

沒辦法，我沒有什麼讓人驚艷的才能，也想不到任何加強這方面能力的方法。

「這裡提到ENARIKAZUKI＊的話，觀眾應該會買單吧。」、「這裡就放個『像松崎茂＊一樣黑』的哏吧。」我自己出題，然後在答案欄填上自己覺得有趣的單字，就是反覆這麼土法煉鋼。

然而，這程度應付試鏡還行，門檻要是再高一點的話，可就行不通了。所以我只好

＊ENARIKAZUKI：日本演員，本名江成和己。
＊松崎茂：日本演員。

拚命想哏，卻陷入失敗的循環；明明告訴自己必須想出更高明的哏，卻因為害怕面對未知的恐懼，只能就現有水準，猛鑽牛角尖。

當時我們的哏，每一字、每一句都是我發想的，所以對富男來說，與其說是排練，不如說是背記，實在很難從中感受樂趣。當然，忙著背記的他，也沒多餘心思想該如何更樂在其中。

為了一掃這般煩悶感，我虛心觀摩被周遭誇讚很有趣之人創作的哏。

結果有種被徹底打敗的感覺。原來負責裝傻的一方只要想怎麼裝傻，然後兩人邊練習、邊討論出完整的哏；也就是說，腳本上只寫「裝傻」部分，「吐槽」部分是空格，這般作法真是令我羨慕不已。

而且還會不時冒出腳本上沒有的「裝傻」部分，一起說說笑笑地排練。

因為我從來沒有說說笑笑地排練過，所以對這樣的排練方式，打從心底羨慕不已。其實只要適時修正就好了。我卻一直走錯方向。

我們之所以無法像他們那樣，是因為富男的能力不夠，不然應該可以更樂在其中。

我藉由仇視富男，逃避自己無法自在裝傻的事實。

沒有笑容的排練過程，終究會因為不滿而把氣氛搞得愈來愈緊繃焦慮。明知如此，卻還是默默地讓富男繼續背記我寫的東西。

超講求策略的試鏡經驗

面對暴君山里的種種嚴苛要求，沒有半句怨言的富男真是個超級好傢伙。反正不管觀眾再怎麼反應不佳，他都不會責怪負責寫哏的我。也許富男很自責吧。他居然對我說了一句最不該迸出口的話：

「觀眾真是沒品味！小山寫的東西明明很有趣啊！」這句話讓我繼續逃避現實，走向差點想放棄夢想的最壞結果。

沒有做出任何成果的我們，也沒有任何突破。

直到有一天，「足輕皇帝」遇到某個轉機。

我們通過當時有個人氣很高、全國各地都能收看的綜藝節目「駭哥任務」的試鏡。每週二晚上九點播出的這節目，就是所謂的黃金檔綜藝節目，主持人是傑尼斯人氣偶像團體「TOKIO」。對於每個月只有一次登台演出機會的我們來說，無疑是個閃亮到不行的機會。

節目企畫內容是在大阪這個漫才重鎮，巨擘師傅的眼皮底下，競爭到最後只剩一組脫穎而出。獲勝的這組不但能得到十天專屬現場演出的機會，還能在參與演出的綜藝節目掛名。這對參賽者來說，無疑是破天荒的獎品。
對於總是在每個月的劇場試鏡活動上起起落落的我們來說，簡直是無與倫比的大好機會。
從接到公司告知試鏡時間的電話開始，我就有點興奮，吟味到身為藝人的感覺。從這一刻起，我在心裡就站上起跑線了。總之，先反覆觀賞預錄下來的「駭哥任務」，像是不良少年挑戰拳擊的企畫，告別上班族生活、拜師學藝開拉麵店的企畫等，每一集內容都十分熱血，演出者與講師、夥伴之間也迸出精采火花。
我決定了。「放手一搏吧！」我把富男叫出來，告訴他：
「富男扮演瞧不起搞笑這工作的人。」
相較於此，「我扮演心態正面積極的搞笑藝人」。我宣布自己扮演百分之百的好人。然後將模擬好的試鏡用問答集遞給他。內容如下：

・（面對「對你來說，搞笑是什麼？」這問題）很簡單，只要耍嘴皮子就有錢拿。
・（倘若問你對搭檔的印象）他太認真了。搞笑這種事一旦認真，就不好笑了。
※整體要有捲舌感
（我還加了這個不知所以然的註解。）

我們還用這份問答集，試寫腳本，研擬策略。

山：請坐。
富：（雙腳張開，一派大剌剌的老粗模樣坐著）
山：你們的團名是？
富：足輕皇帝。
山：對你來說，漫才是什麼？
富：耍嘴皮子就能賺錢。
山：如何看待你的搭檔？
富：賺錢的工具。

我還不斷糾正富男，好比「口氣要更廢一點」、「還是邊說邊嚼口香糖？」或是「拿出你以前當暴走族的感覺啊！」等。

試鏡當天，每一組依序被叫入一間坐著五位電視台工作人員的房間，先來段三分鐘左右的表演。我和搭檔都很緊張。

接著是問答時間。就在這時，富男居然反常！

是的。他那耿直到不行的性格在此爆發。約莫五分鐘前，他還謙虛地說：「我們是足輕皇帝。今天要表演不想當警察的哏，請多指教。」電視台工作人員一聲「請坐」後，坐下來的他突然耍廢似的雙腳大張，還假裝嚼口香糖，一派老粗模樣回答工作人員提出的問題。我心想完蛋了。

後來回家路上，我試圖安慰富男：「沒關係啦！要是採比較保守的方式就無法一決勝負了。」硬是掩飾內心那道因為覺得「八成會落選」而形成的傷口。

隔天，我照例前往我們排練的老地方——停車場時，手機突然響起。

講了幾秒後，猶豫著要不要將手機塞回口袋的我忍不住大喊，隨即去便利商店買了兩罐啤酒。

我心中有個最酷的舉杯慶祝方式，那就是想像自己是都會愛情劇的男主角，將罐裝啤酒扔向先到一步的搭檔，然後告訴一臉驚怔的他，我們被選上的喜訊。

我走向停車場，富男一如往常在那裡等著。我將手上的罐裝啤酒扔向他，說了句：「我們可以上『駭哥任務』啦！」

就是這樣，一百分。記得這是某部月九連續劇的一幕！我不由得自我陶醉著。

直到瞥見富男身邊站著落選的前輩。因為用力扔擲的關係，罐裝啤酒噴出氣泡，濺到前輩的衣服……夢想中的情景就這樣尷尬落幕。

我看著始終面帶笑容、拚命道歉的富男，心想他一定也很開心吧。

「心機鬼」的勝利

於是，讓「足輕皇帝」能在全日本打開知名度的出道節目「駭哥任務」正式拍攝。對於毫無這方面經驗的我們來說，光是看到面前站著那麼多人、那麼多台攝影機，就覺得好像在看電視節目。工作人員一聲：「好～開始拍攝！」緊張感瞬間膨脹，切實感受到自己成了藝人的事實。

偌大房間裡聚集了幾十組年輕藝人，大夥年紀相仿；有幾位是在劇場見過的前輩，像是「黑色美乃滋」等，也有當紅的前輩。看來節目走向應該是隨著各種考題出籠，採淘汰制方式進行吧。

第一關的考題是「運氣」，也就是抽中籤的一組可以前進到下一階段。富男順利抽中。

一週後，我們為了錄製節目，又去了一趟東京。公布第二關的考題，那就是「在來遊樂園玩的一般遊客面前表演」，然後依結果淘汰一組。隔天，因為工作人員告知我們要拍攝平常的練習情況，所以我回大阪後馬上和富男緊急開會，商討如何呈現排練情況。

翌日，節目工作人員來拍攝我們的排練情況；雖然感覺我們排練時，表現得有點生硬，但工作人員頗滿意我們的表演。

那時，我們決定一件事，那就是：富男的角色定位是「只要搞我們覺得有趣的哏就行了」，而我的角色定位是「當個投觀眾所好的藝人」。於是，扮演正向角色的我展現不折不扣的小心機，迸出這麼一句台詞：

「我們可不是在面對牆壁搞漫才！」

這句話又惹得工作人員笑開懷。接下來是名為「山里阻止排練到一半，想打道回府的富男，只見富男一把揪住山里，放話乾脆解散算了」的策略，一切按照計畫執行。

可惜我阻止富男的動作過於刻意，很不自然，加上收音到富男反覆練習說要解散的台詞，這段策略只好被迫腰斬。

我和富男決定在遊樂園表現這關，展現我們最受歡迎的哏，果然得到好評。除了明顯感受到工作人員對我們的肯定之外，也察覺鏡頭頻頻捕捉我們私底下的一面。成功的哏，帶給我莫名的自信，那時絲毫未覺，這就是一種投機取巧的心態。

接著，公布下一關的考題。

「即興漫才」，也就是以指定的兩道題，來段即興漫才。

當天只剩下五組人馬。正式演出後，我們又順利過關了。

從這時開始，我們總算被注意到了。走在街上開始有人看著我，竊竊私語。

只是看這節目的多是那種嘴上無毛的年輕人，所以遇到莫名其妙的事也變多了。好比某天走在路上的我，被一群惡少圍堵，到現在還是不懂他們到底在叫囂什麼。

「臭小子！好好地跟著師傅我學規矩！別惹惱師傅我！不然只有死路一條！」

我心想，要跟你學習什麼？難不成這就是出了名的勒索保護費嗎……我趕緊逃走。

還剩兩關，想到即將展現我們的絕佳實力，就興奮不已，排練的時間也愈來愈長了。

下一關是在搞笑文化的總本山關西，諸位大師級人物面前展現實力。這道考題著實讓年輕藝人十分緊張。聽到要在大師面前獻醜的當下，我便決定了。要用最正統，也就是最根本、最能忠實呈現趣意的哏。

我知道大家對於哏，都有自己的堅持，也覺得能夠一以貫之的態度真的很酷；但我告訴富男，既然這次要在大師級人物面前展現實力，就不能太堅持自我風格，要用最純粹的表現方式，還得不落俗套才行。

於是，我們又闖過一關，晉級決賽；也就是說，可以在黃金檔節目展現我們的實力；不僅如此，還能站上年輕藝人夢寐以求的「難波豪華花月劇場」（NGK）。

那時的我察覺一件非常重要的事，那就是：為了達到目的，必須施點小伎倆。

我在決賽的舞台，也就是漫才聖地 NGK 的休息室排練時，腦中不斷浮現「我要紅！」這幾個字，期待從今天起，能成為真正的藝人，無論如何都想風光得勝的信念，召喚我內心的「心機鬼」，起了施點伎倆的念頭。

於是我故意營造假象。好比上場前，和拍檔起爭執，謊稱我們配合得不太順利；不然就是都快上場了，才臨時改變演出內容。當然這些都不是真的，但確實有助於我逃離滿滿的緊張情緒。

不久，開演鈴聲響起。TOKIO 成員向滿場觀眾說明這次企畫的趣意。站在舞台側翼目睹這一幕的我緊張到想吐，其他參賽者似乎也是如此。

總算輪到我們「足輕皇帝」上場。那是我從未見過的景象，感覺被九百位左右的觀眾包覆。

一副合掌祈願模樣的母親坐在正中央的觀眾席。我緊握雙手，忘了自己身在舞台。不時傳來從未聽聞過的笑聲。結果，「足輕皇帝」贏得勝利。

第一次專屬現場演出

優勝獎品是為期十天的專屬現場演出，還有以「足輕皇帝」冠名的節目，促使我們一口氣奔上通往知名藝人的階梯。聽聞父親曾動用人脈，安排我大學畢業後進入某間公司；可想而知，當然沒有後續發展。總之，我告訴自己，非得闖出一番名聲才行。

姑且不論是否能成名，只能說，走這條路，沒我想得那麼順利。

我一直努力準備人生第一次的專屬現場演出，卻遇到一個問題，那就是：我心中對於搞笑一事，始終湧不起「我想這麼做」的念頭。

「這麼做才能逗別人笑，用這位名人當哏，比較好懂」，因為我滿腦子都是這樣的想法，所以明明這次是個可以自由發揮的好機會，我卻寫不出任何東西。

這場專屬現場演出，讓我不得不面對「自己其實沒什麼能耐」的事實。

結果我只能拚命利用之前用過的各種哏，做各種組合變化。

就在這般情形下，來到專屬現場演出的第一天。因為沒在節目宣傳這場演出，所以幾乎沒半個觀眾。因為觀眾席空蕩蕩的實在太難看，所以工作人員只好權充觀眾。但可能是每天操得很辛苦吧，他們從一開始就熟睡到結束。

我的父母也來捧場，只見母親感動得快哭出來似的，拚命鼓掌。第一天的專屬現場演出就這樣落幕。

專屬現場演出還有九天……該如何是好？真的很不安。隔天，我爸媽各自帶同事、鄰居來看表演，我求學時的同窗們也來捧場，連高中時代的恩師也來幫我打氣加油。雖然是只有九十個座位的小劇場，但多虧見過第一天表演時的空蕩光景，看到幾近滿座的光景，覺得好幸福。

還有，其實沒什麼能耐的我，被那時觀眾席傳來的笑聲，喚醒了「想想要如何激發創作靈感吧」的勇氣。

表演來到第五天，我試著端出新的哏，得到的回應是哄堂大笑。我創作的新哏是：將漫才想像成「傑尼斯偶像在巨蛋之類的場地，豪華演出」的模樣。創作這哏時，我感受到一股前所未有的感覺；與其說這哏是「做出來的」，不如說是「創作出來的」，所以我好開心。

因為我始終有著不會創作的自卑感……

我立刻將這種感覺予以公式化。

「公式化」這詞聽起來好像很了不得，其實就是在筆記本上這麼寫：

「A × B。這個A與B的連結很有趣，而且A與B離得越遠，越能發現嶄新的東西。」

發現嶄新的東西＝被視為天才，就是這樣的公式。

似乎可以克服一直以來缺乏特色、無法創造十足趣意的缺點；而且透過專屬現場演出，讓我多少跳脫了一成不變的框架與思維，著實帶給我莫大自信。也讓我領悟到一件很重要的事，那就是：越覺得自己「只能這麼做」時，越要勇於嘗試其他可能性。

「做不到」這句話絕非出於冷靜分析之後的判斷，而是一句讓自己輕易逃離痛苦試煉的恐怖話語。

經歷十天的演出，終於能在最後一天以坐無虛席圓滿收官。

證明「足輕皇帝」像這樣一步步前進、終將豐收的日子一定會來，所以繼續努力吧。我是這麼想。

解散

無論哪個朝代，暴君都不會君臨天下太久，「足輕皇帝」這小帝國也不例外。

如同前述，我對富男做了許多不盡情理的事。

我們一如往常排練，我也比平常更加投入，因為「足輕皇帝」繼出演「駭哥任務」之後，總算又有機會再次登上小螢幕。這節目是關西本地製作的節目，也是關西年輕藝人很想參與演出的節目。

我們順利通過試鏡，得到露臉機會。

收到通知的那晚，兩人初次相約小酌。「我們絕對沒問題啦！」富男一如往常地笑著這麼說。「謝謝，一切多虧小山啊！」還補了這句。

於是，我的情緒愈來愈嗨。

「好不容易可以上那節目，絕對不能失敗。」

這般心情卻將我拉向不好的方向，我的壞毛病又冒出來。

「我沒問題，我寫的哏也沒問題，可為什麼還是這麼不安呢？都是因為富男能力不足的關係，所以你再這麼下去是不行的，因為你無法拿出最好的實力，我們才會發展得那麼不順……」

我只會一味數落搭檔的不是，從未思考如何精進自己的實力，滿腦子只想著搭檔如何如何不行、哪裡讓自己看不順眼。

結果，準備上節目演出的前一天出事了。我抵達平常排練的地方，卻沒看到富男，打他的手機也聯絡不上；我急得如熱鍋上的螞蟻，過了二十幾分鐘後，富男才姍姍來遲。

「抱歉……」

我還沒來得及吞下他遲到的藉口，便開始破口大罵；以不容許對方有任何餘地回嘴的氣勢，毫不猶豫、連珠砲似的斥責。

阻止這般滔滔不絕罵聲的是一聲沉鈍聲響。渾身顫抖的富男握緊拳頭，握到拳頭有些泛紅後，我才驚覺剛才那聲「咚」是他捶毆牆壁的聲音。

只見頭一次在我面前發飆的富男怒吼：

「我要殺了你！」

一時搞不清楚狀況的我又迸出這句：「只是排練而已，幹嘛這麼生氣啊！」讓人無法想像出自剛才那個不停飆罵的男人之口。沒想到這句話反倒火上加油，促使富男失控捉狂。

只見他怒吼一聲，一手各抓起一輛停在附近的腳踏車，扔向我。

其實我們排練的地方就在警察局前面，想說警察應該會跑來關心，沒想到他們只是看了一下，沒有任何動作。後來得知理由的我十分吃驚。

因為他們每天目睹我排練時，對拍檔有多麼嚴苛，心想遲早有一天會變成這樣。也就是說，富男的徹底發飆是得到國家認可的……

終於，那句話出現了。

「撐不下去了。我們解散吧。」

雖然不知自己為何有此自信，但總覺得富男絕對不會說出這句話。結果不知如何回應的我怔住了。只見富男撂了句：「再見。」便頭也不回地離開這處我們排練的老地方。

我望著他的背影，用小到幾乎聽不見的聲音說：「等等！」腦子一片空白，就這樣一動也不動地有好一會兒。雖然不是什麼情侶分手的場面，但這一幕迄今仍在我的腦內劇場回放。

這是一部講述傲慢君王與乖順家臣的電影。我要是觀眾的話，應該會想殺了那個君王吧。就是這樣的故事。如今，這個君王失去了唯一的夥伴，成了一無所有的任性傢伙。

因為富男在身旁，我才能成為君王。即便我領悟到這一點，卻為時已晚，無法挽回什麼了。內心滿是懊悔的我，任憑難以言喻的情感支配著。

無法說出口的一句話

不曉得經過了多久，只覺得這段時間好幾次有點想打電話給富男。

我總算可以看見周遭景色，冷靜度日，這才驚覺，有各種情報與自己現在的情況有所關連，有許多問題亟待解決。

成為「足輕皇帝」粉絲的雙親，大學時代的好友……還有身為卡車司機的我哥，開心地說他車上堆著我們的演出影帶，去到哪兒都很驕傲地秀給別人看。我有種面對這些笑容、不知該說些什麼的罪惡感。大學畢業後的我一事無成，也沒向周遭人一樣謀職，對未來深感不安。

即便如此，眼前卻擺著非常現實的問題，那就是：明天要上我一直很想演出的綜藝節目。

覺得自己好不堪，好不容易抓住機會，卻輕易放掉。不知如何是好的我，想說乾脆打電話給公司，告知辭演一事。

但我做不到。

我怔怔地站了有好一會兒。周遭盡是和我們一樣才剛起步的藝人正在排練，大家都好快樂的樣子，好羨慕他們；一想到自己可能再也無法像他們這樣，既悲傷又不安。

手機響起，是富男打來的；雖然不曉得要說什麼，還是先接吧。

「喂。」

好幾個小時都沒講過半句話的喉嚨太乾了，以致於發不太出聲音。富男似乎也是如此。

「對不起，一直扯你後腿，對不起。」他說。

我沒回應。從他的口氣，「今後一起加油吧！」我明白再也不可能聽到他常說的這句話。

「喔……」

我混雜著嘆氣聲，回道。富男的回應卻很有他的作風。

「小山今後也會繼續走搞笑藝人這條路吧？你還是繼續走這條路比較好！所以要是演出前一天才辭演，恐怕會引發不好的傳聞，那就糟了。我不想到最後還在扯你的後腿。我會把明天當作我最後一次搞笑的日子，原諒我說了這麼任性的話。」

「喔。」

我又這麼回應。但這聲「喔」和剛才的有點不一樣。這聲「喔」是怕再多說幾個字，就會讓他知道我哭了，所以只能簡短回應。

隔天，我們比預定的時間早一點到電視台，進行最後一次排練。總是罵聲不絕的排練過程竟然一反常態，全程沒聽到半句斥責。富男似乎頗愉快地和我排練著，完成了我們想要的成果。

富男絕對不是只憑一天便實力升級，其實他依舊如常地和我排練著，只是因為我一直沒看到這樣的他，直到這一天，才看到愉快表演漫才的富男。

我犯的錯誤，也就是「藉由斥罵對方，覺得自己很行」的錯誤，真的如此不堪嗎？……反正一切都來不及了。

正式上場後，託富男的福，最後一次的表演非常讚，他也很樂在其中。我終究還是沒辦法在休息室說出「再一次……」這句話，因為我看到心意已決、神情十分清爽的富男。

「足輕皇帝」就這樣結束了。

如何催生有趣的哏？

我們在「駭哥任務」脫穎而出，經歷一段備受周遭人吹捧的「駭哥任務爆紅期」時，聽聞到某個謠傳。

那就是「非主流派搞笑藝人瞧不起我們的表演」。

瞧不起我們表演的人，指的就是「笑飯」與「千鳥」；不過，那時他們的處境和我們差不多，都還在挑戰各種試鏡機會。因為我沒看過他們的表演，所以聽到時，當然很不爽；後來看到他們的演出，頓時有種被徹底打敗的感覺。

在談及這兩組人馬之前，我想先聊聊「水牛吾郎」＊，這個備受許多藝人肯定的搞笑藝人組合。

「表演自己覺得有趣的哏，就對了。」

雖然這句話聽來理所當然，但他們總是挑戰非常高難度的主題，台下觀眾也會清楚分成兩派。「水牛吾郎」還舉辦名為「全壘打演藝場」的活動。

這是一個由他們四處尋找、挖掘有趣的藝人，然後邀請對方以特別來賓身分參與演出的活動。因此，只要受邀參與演出這活動，等同得到某種認證，在關西藝人之間，便能抬頭挺胸說自己的表演很有趣。

當然，這對於還沒找到自己覺得有趣的東西，只是拚命套公式想哏的我來說，無疑是無緣的遙遠世界。

然而，「笑飯」和「千鳥」卻受邀演出……

＊水牛吾郎：木村明浩、竹若元博的搞笑藝人組合。

當我聽聞他們得到認證時，之前那個「瞧不起我們」的傳言，在我心中剎時破壞威力倍增。

我抱著最後的希望，那就是：「其實那兩組人馬也沒人家說的那麼有趣，不是嗎？」如此一來，就能無視他們的批評。

我賭上最後的希望，喬裝去看他們的演出；雖說是喬裝，其實也只是摘掉眼鏡，戴上隱形眼鏡罷了。沒想到這兩組的演出讓我的最後希望破滅……

倒不是他們的演出引起哄堂大笑。

相反的，場子很冷，只有幾位男性觀眾捧腹大笑。

觀眾覺得他們的演出很「有趣」，而那些覺得有趣的觀眾，讓覺得自己一點也不有趣的我，更加難堪。

卻也只能咬牙撐過這段飽嘗敗北滋味的地獄時間。我到底該怎麼辦？

我馬上行動，請前輩幫忙介紹，安排酒席，然後在宴席上開門見山問他們：

「你們是怎麼創作出那樣的哏啊？」

兩組人馬的回答很一致。

「我們只是把自己當成觀眾，發想自己會笑的哏。」

他們一派理所當然的答案，卻讓我備受衝擊。

我從未以觀眾的視角來發想，滿腦子只想著要說什麼，才能逗笑觀眾。

把自己當成觀眾……另一個自己？我會因為什麼而笑呢？想做什麼？我到底是……我開始思索，卻無法馬上找到答案。

不過，多虧這次的酒席，讓我明白一件自己該做的事，那就是：當自己笑的時候，動筆寫下自己為何而笑。雖然還無法寫出什麼超級有趣的哏，也無法將自己當成觀眾，但光是知道有這個目標，驅使自己更努力，就很開心了。

拍馬屁，有什麼錯？

「駭哥任務」帶給我的東西是稍微變長的天狗鼻，以及學會阿諛奉承，還有美好的相遇。我因為這節目，結識節目腳本家——小倉先生。

當初奪得優勝的我們聽聞，初次冠名的節目播放時間是午夜十二點，後來播放時間愈來愈晚，最後成了半夜三點播放的節目。不過，這節目是關東地區可以收看的節目，亦即全國其他地區也能收看，不啻是一場相當漂亮的出道戰。

還有另一項優勝獎品「為期十天的專屬現場演出」。

對於一個月只能站上舞台兩、三次的我們來說，簡直是讚到爆的獎品。光是這樣，吉本興業便派了一位節目腳本家協助還在摸索階段的我們。

這位節目腳本家就是小倉先生。他會和我們一起討論哏、一起發想、給予意見，幫我們籌劃現場演出。

我到現在還記得我們初次見面的情景。被叫去總公司開會的我們來到指定地點時，瞧見有個跪坐在椅子上、東張西望的奇怪男子。當我們戰戰兢兢地走近時，他面帶笑容地向我們點頭、打招呼：「你好，我是小倉。」隨即跳起來，坐在位子上，說了句：「接下來要做什麼呢？」

真是個怪人啊……雖然這是他給我的第一印象，但聽聞他是幫「中川家」*寫哏，讓他們在「M・1」初試啼聲便一舉奪冠，讓我馬上對他產生信賴感，以及基於現實利益考量湧現的敬意，彼此聊了很多。

後來我們開了好幾次會，也讓我在心裡深思一件事。

那就是面對「你們想怎麼做？」這問題時，我完全答不出來。

我有想過「對自己來說，什麼叫做有趣」嗎？完全沒有。這才發現，認為「拚命上網搜尋關鍵字、套公式想哏才是王道」的想法，就是導致我缺乏發想力的一大原因。

這件事讓我痛切感受到自己有多膚淺，但還是要努力扭轉這種痛楚，不能因為做不到而放棄，正因為自己能力不夠，所以必須更努力。

這麼一來，我才能誇讚如此積極的自己，也才能敞開心扉，傾聽別人的意見。每當

*中川家：中川剛、中川礼二的兄弟檔搞笑藝人組合。

我快撐不下去時，就這麼告訴自己，設法克服。

就這樣迎來現場專屬演出，至於演出情況如何，一如前面所述，總算順利圓滿落幕。即便演出結束，我們依舊受到小倉先生不少照顧。某天，小倉先生邀約腳本家們踢美式足球，也邀請我們參與。我爽快接受邀約，沒想到把自己累得半死，但我們還是持續每週一次，從早上七點開始三個鐘頭的艱苦鍛鍊；或許別人覺得我們很諂媚，但至少這麼做有甜頭可嘗。

首先，可以請他指導寫哏一事；再者，球隊裡有不少業界人士，我們的確也託這些人的福，得到不少類似節目助理*之類的工作機會。這對於還在參加各種試鏡的我們來說，簡直是求之不得的好差事。

當然，也有人看我們很不順眼，「真好啊！只要拍拍腳本家的馬屁，就有工作呢！」面對如此酸言酸語，我完全不理睬。

答案很簡單，因為這個人所言為真。「要是這麼羨慕，就跟我們一樣啊！」我抱著這般心情的同時，也覺得，像這種只會發牢騷的人，絕對不會成為阻礙我們前程的絆腳石，也就安心不少。

不過，我也因此發現自己沒有出類拔萃的才能而傷心不已；但換個角度想，一旦對於自己的要求越高，就會覺得這樣的努力一點也不辛苦。

*節目正式拍攝前，先向在場觀眾說明注意事項，以及練習鼓掌等。

我想，小倉先生就是要告訴我們這道理，只是沒明說。

小倉先生不但讓我們認清現實，對於我最煩惱的事也給了解答，那就是明白自己是個無趣的普通人……他用最簡單的方法幫助我看清一些事。

小倉先生總是聽我訴說，稱讚很有趣，讓我誤以為自己不同於一般人。每次我說了什麼，他總是這麼回應：「這個只有小山想得到，很厲害喔！」總是三言兩語就能抹消我心中那種技不如人的自卑感。

單槍匹馬．義大利人

「放心，我已經找到搭檔了。」

「足輕皇帝」解散後，這句話成了我走到哪裡都會說的一句話。無論是大學時期的同學好友，還是當時交往的女友、宿舍的夥伴們，甚至面對家人也是如此。

當然，我還沒找到搭檔。

雖然很想趕快東山再起，卻遲遲找不到合適人選，只能硬著頭皮獨自跑通告；再者，我莫名被貼上奇怪的標籤，迫使我更難找到搭檔。

也沒有其他藝人主動找我聊幾句、交流一下，其實理由很簡單，因為我之前完全避免和他們交流。幹嘛在這種事情上花心思啊！那時的我覺得，自己關起門來磨練比較好……拜那些醉心於嚴己自律的日子之賜，以致於現在沒半個人搭理我。

要是自己拉不下臉，主動出擊，那就等著別人來搭訕就好啦！但必須要讓人有想搭訕的欲望，必須讓別人覺得我這個人很有意思才行。

於是，我決定繼續單槍匹馬征戰各種試鏡，等待有緣人見識到我的實力。

我給自己取了個藝名「義大利人」，之所以取這名字，大概是因為覺得登場時，說句「大家好，我是義大利人」很有趣吧……

我以這藝名初次參加試鏡的那天，自然十分緊張忐忑。總算等到自己上場時，決定以努力創作的漫談一決勝負，結果還真的成功過關。對於尋找合作搭檔的人來說，這秀場是一處絕佳場所，我愈來愈期待。

決賽這天也很順利，我依舊以第一名過關。我心想，總該有人主動找我吧。「快啊！要是再磨蹭下去，我可是會被別人搶走哦！」存著這般傲嬌心態的我繼續挺進淘汰賽……沒想到這次徹底敗陣，原因在於沒哏可表現，因為「義大利人」只有兩套腳本。

不過，我還是有固定參與一些演出；總之，直到有人主動找上我為止，我還是能以「義大利人」這身分單打獨鬥地等待有緣人。只能說，那時的我就是有股莫名自信，相信一定馬上有人來找我搭檔，也就完全沒察覺，不久之後，「義大利人」的寒冬時節即將到來。

以「義大利人」成為固定來賓的舞台，成了地獄的入口。

結果哏馬上用盡，但到了演出之日，我還是設法擠出來，但不是突然迸出什麼絕佳點子，盡是些叫人傻眼的哏。比方說，我想了個以日本娃娃與漫才為題的哏。我向大家介紹手上這尊日本娃娃是「我的新搭檔」，然後活像個色鬼，莫名其妙地對著日本娃娃講話，最後還親了它。直到現在還是完全搞不懂這哏到底哪裡有趣，現場觀眾也很傻眼。

接下來是一邊拍鈴鼓，一邊說明餐桌禮儀的哏。可想而知，場面也很冷。因為場面實在太冷，所以我演出的五分鐘期間，只聽得到會場的空調聲，還有位於劇場上方某間書店的收銀機開啟聲。

其他還有：右手擺出義大利在世界地圖上的形狀，一邊說明保齡球很難打之類莫名其妙的哏；不然就是一邊煮義大利麵，一邊漫談……總之，就是這樣一直迷路下去。

這趟迷途之旅卻給了我莫大啟發，那就是：「憑你一個人，一輩子都不可能紅啦！還是趕快找個搭檔吧！」

尋找最強的搭檔！

我馬上便決定候補人選，就是某位高頭大馬的女子。

我想找個女搭檔，理由很簡單，因為當時幾乎沒有男女組合，所以這種組合的競爭對手比較少。至少我認為與其和一大票男男組合一較高下，「男女組合比較容易出線」這一點，著實有效率多了。

不過，並非光是女性就行。我現在奮戰的劇場是以女高中生為主要客層，所以很難接受長得可愛的女生搞笑，所以這個人選不能太有女人味。

我的想法是，雖說是男女組合，但理想的女性搭檔是讓人不會特別意識到她的性別，只覺得是個頗特殊的女人。我思忖著：「有這種人嗎？」還真的有。

身高超過一百八十公分，咀嚼食物的模樣給人大型動物在進食的印象。就是她了！我打從心底如此篤定。

那個人就是小靜。

當時，小靜和其他男人搭檔，看著他們演出的我，越來越想將她納為囊中物。還記得他們表演的哏是家庭訪問，小靜是老師，搭檔扮演學生。

小靜：（按電鈴）Tampon！

學生：是 Ding dong 啦！

這好笑。看了這哏，不覺得很想找她搭檔嗎？居然想到拿女性的生理用品「棉條」

（Tampon）當哏。

要是我抛出這種哏，勢必讓人覺得很變態，但在以女性觀眾居多的情況下，由女性以此作為笑點，且絲毫不會讓人覺得不舒服，這一點就足以證明，小靜是多麼特殊的存在。要是這樣的人能成為我的搭檔，該有多好啊！我雀躍不已。

總之，我常去劇場觀賞這個組合的演出，想著要是告訴她，我非常懂她的趣點，一定很有趣吧。我甚至在筆記本上彙整感想。

「喜歡那種有點讓人忘了她是女的，很勁爆的裝瘋賣傻樣」．我當時在筆記本上這麼寫；不然就是，「他們的好幾個哏都與男歌手鈴木雅之有關」。

我開始蒐集關於小靜的情資，像是她欣賞的搞笑藝人、喜歡的漫畫、喜歡的電視節目等，牢記這些情資。那麼，要如何使用這些資料呢？就是待下次見面時，自然地當作話題就對了。假裝不曉得她喜歡這個似的主動聊起，讓她覺得「我們的笑點很契合」。

例如，「鈴木雅之這個人，真的很有意思呢！」像這樣博取對方的認同。還有像是「我最喜歡『DOWN TOWN』DVD裡頭那個搞笑橋段」、「鳥山明的漫畫，我都有」、「我喜歡《JOJO的奇妙冒險》這一話」之類，事先調查她的喜好。總之，我的小心機又冒出頭了。

我做好各種準備後，邀約小靜碰面。看來能讓天性怕生的我做出如此大膽的行為，或許是因為「義大利人」真的快撐不下去吧。要是能和這個人搭檔的話……每次這麼妄想時，就覺得好快樂，又想到好多點子。這股動力驅使我積極行動。

「南海甜心」誕生

一旦決定作戰，缺乏與異性交往經驗的我，端出來的資料就是「女生抗拒不了甜食的誘惑」，遂邀約小靜一起去蛋糕吃到飽。

高頭大馬的女子與戴著紅框眼鏡的男人坐在蛋糕吃到飽的店裡。我還事先在筆記本上列出要點，沒想到我正要主動出擊時，小靜卻只顧著大口大口地將蛋糕往嘴裡塞，以不容我打開話匣子的速度大啖蛋糕。

後來才知道，原來她那時以為我要向她告白，只好默默地一直吃，阻止我告白。真相還真叫人傻眼。

面對默默猛吃的大隻女，我迸出事先準備好的說詞：

「鈴木雅之是個很有意思的人呢！」

「他因為唱了『七龍珠』的主題曲，成了受歡迎的動畫歌手。我覺得他很像達爾呢！」

「我喜歡《JOJO》那一話。」

我滔滔不絕的說，只見小靜停止將蛋糕往嘴裡塞，

「我也是。」

喃喃自語了三次。這句「我也是」很重要，因為從這裡開始進行到關於搞笑的共通話題。

「『DOWN TOWN』DVD裡頭那個搞笑橋段好有趣喔！」

「我也覺得。」

面對這句「我也覺得」，我故意裝得很驚訝。內心暗暗覺得挖角任務進行得很順利，沒想到竟然有了意想不到的開展……

「我想和現在的搭檔去東京發展。」

大隻女給了我一記當頭棒喝。不行！我得說服她別去東京，不能讓她就這麼溜走，這麼想的我說道：

「我因為上了『駭哥任務』這節目，所以和東京那邊的工作人員交情還不錯，聽說東京那邊已經沒有新人發展的餘地，這話好像是演藝圈的大咖說的。」

我趕快這麼說。看到大隻女露出驚訝表情，我又趁勝追擊。

「那位工作人員說，今後是大阪的舞台，所以在大阪發展比較好。」

大隻女顯然很驚訝，這麼回應：

「所以意思是，我還是留在大阪比較好溜*？」

我一邊用力點頭，喃喃自語：「好險啊！」因為我想先在大阪站穩腳步，所以必須扯謊。

成功阻止她前往東京後，我掏出下一件武器，那就是我為了小靜而寫的漫才腳本，還這麼說：

「要是妳覺得這個腳本十分有潛力，要不要和現在的搭檔拆夥，和我搭檔呢？」

感覺這時要是連續劇的話，就是以主題曲為 BGM 的高潮處吧。

她緩緩地說了句：

「我明白你的意思。」

只回了這麼一句。我回家後，迅速發了封 mail 給她。

「明天下午一點……我們在公園排練吧。」

「好。」

我們排練前，小靜告知她的搭檔要拆夥一事。現在我才敢說，那時小靜告訴對方的拆夥理由，是她主動找我搭檔。因為她的搭檔和很多前輩都有交情，所以不能觸怒那些人。

題外話，直到我以這形式說出這祕密之前，小靜始終沒提過這件事。

*因為這句有大阪腔，所以用溜字凸顯。

於是，我們倆開始第一次排練，「南海甜心」於焉誕生。

みんなきいた!!
ワ文就にはけ!!
方程式、1×0=さになった5×

第四章　欣喜若狂，卻又墜入谷底

恐懼襲身

光是想到我們的團名，或是兩人的姓氏並排「山里・山崎」，就讓我開心地在腦中描繪美好新世界，期待開創有趣的事，更希望能夠一舉成名！成為當紅炸子雞。

那就先說結果吧。如此美好的世界逐漸徹底崩壞。

我們合作的第一套哏，設定為時裝秀，山里擔任主持人，小靜是模特兒，我負責實況轉播小靜的一舉一動。

山：有請頂尖模特兒SHIZUYO出場！

靜：（走台步）

山：SHIZUYO，有著一張大臉、寬肩、還有一雙可以踢死牛的腳！

靜：（模仿馬賽族的動作）

山：特技是馬賽族的儀式。

全程演出就是這樣的感覺。

山：最後，請說說感言。

靜：嗚！（卡痰）

演出效果完全不如預期。任由期待膨脹、卻又破滅的瞬間，各種東西隨之襲來；除了讓小靜拆夥的罪惡感之外，還有害怕「新組合效果加乘」的自信徹底瓦解。我不安地想著，自己是否已經江郎才盡。

當然還有我們成軍時，來自周遭的反應，好比「絕對撐不了多久啦」、「只是譁眾取寵罷了」，腦中再次充斥批評聲浪。果然行不通嗎？這念頭讓內心的恐懼感加速運作。

就在這時，劇場環境起了巨大變化，從二丁目劇場那時就很活躍的前輩們，像是「美式足球時間」、「黑色美乃滋」等，全都從 base 吉本畢業，轉移陣地到難波花月，所以必須重新訂立機制，而這個新機制就是：舉行決定固定班底的競賽。

我們當然要參加，即便是在毫無信心的情況下。

一切都是為了消弭恐懼而行動，拚命找個肯定自我的藉口。我告訴小靜，我們要參賽；拚命激勵她的同時，也是在拂去自己內心的恐懼。每次排練前，「因為觀眾還不熟悉我們這組合，所以一時還無法接受」，不然就是「像『笑飯』他們那種兩邊都裝傻的表演方式，觀眾一開始也是無法接受」之類，我會舉出許多她尊敬的前輩為例，還不時穿插一些他們懷才不遇時的八卦，或許這麼做也是為了說給自己聽吧。

第一回合比賽遇上的對手是成軍約一年、資歷和我們不相上下，但說得難聽點，實力不如我們的組合。

明明如此，結果我們第一回合就敗陣……許許多多的藉口瞬間崩壞，面對自身弱點的恐懼感再次瞬間襲來。

環顧周遭，沒有任何可以藏身的地方，猝不及防的一記重擊，「我們果然撐不下去吧？」迫使我連這種話都快迸出口。明知這種話絕對不能說，無奈這般心情在體內四處流竄。

必須盡快找個藉口，必須趕快找到可以防禦的東西。這樣的我好不容易找到的防護用具就是：

「畢竟我們成軍不久，這也是沒辦法的事。」

就防護等級而言，這句話充其量只是一件薄衫罷了。我卻還是硬撐著說服小靜，努力克服這一天。

自己的立足點究竟為何？

雖說努力克服，充其量也只是沒有解散罷了。還是沒有解決問題。

時間綽綽有餘。這段一事無成的時間，給了我許多好好煩惱的時間。

於是，我發現一件事，且是很簡單的事。

我為何選擇小靜作為搭檔？這個疑問足以解決一切。

答案立見，那就是「她的裝傻很有趣」。沒錯！就是因為這一點，才會找她搭檔。明明如此，我卻沒將這趣點傳達給觀眾，而是搞得自己也在拚命裝傻。既然我們是特別的組合，那就做點特別的事吧。因此，不必鑽牛角尖，從簡單的原則出發就對了*。

發現這一點時，選項瞬間變多。那麼，我該怎麼做比較好呢？不需要猛扯對方後腿，只要突顯對方裝傻的趣點，負責吐槽就對了。這答案雖然簡單，卻命中要點。

我立刻寫了吐槽的哏，果然立即見效。

排練時，明顯感覺小靜表演起來十分得心應手，也嗅得到這就是她想展現的風格。

後來我問小靜，才知道她想說，如果下次試鏡還是用原先的方式表演，打算提出解散一事。好險啊……

我也覺得演來得心應手，感覺自己處於最自然的狀態，也最接近自己的立足點。只要拿出自己平日愉快聊天的狀態就行了。這麼想，就覺得沒那麼難。事實上，平常的我確實覺得，吐槽別人時，真的很痛快。

*原文直譯：因此，必須做點簡單的事。

終於找到屬於我們的風格

想想，自己平常開心大笑時是什麼狀況呢？於是，我發現自己不是在嘲諷別人，就是針對別人的笑點，說出自己的感想。

也就是說，比起自己催生笑點，我更擅長附和別人催生出來的東西，也是我覺得最愉快的時候；或許這樣的我看起來很遜，但樂在其中的幸福感，是任何東西都難以匹敵。我想，只有天才才能吟味這種幸福感。我將這種無上的快感編織到哏裡，開心感受自己的潛力無窮。

當自己對於工作不再只是基於義務，而是添了一份樂趣後，工作起來的速度與專注力馬上有著顯著差異，自信也隨之提升，感覺自己彷彿才華上身，也因此形成一種樂趣不斷的正向循環。

所以要是有人問我，我在「南海甜心」的擔當位置是？答案就是，我站在有趣之人的身旁。

這就是現在大家認識的「南海甜心」形象。

想想「自己很開心的時候」，將這種心情整理出來，予以公式化後套用在工作上，這麼做讓我覺得，自己對待工作的態度進步很多。

我的理想是和小靜攜手就能製造出「笑」果。意思就是，我不會很明確的吐槽，而是讓觀眾自己在心裡吐槽；當觀眾感受到吐槽點時，我會說出貼近觀眾感想的吐槽話語，這就是我覺得最自在、最樂在其中的吐槽方式。

舉個讓「南海甜心」產生改變的哏為例。

⊙【美容師】

靜：我啊，好想當個美容師喔！

山：美容師不好當吧？

靜：果然會跟蹤美容師的男人就是不一樣啊！

山：你這張臉說這種話，沒啥說服力吔！

靜：有人說我很適合。

山：真的假的？

靜：小山，你來當客人試試看吧。

山：好吧。

靜：我來當產卵中的海龜。

山：不好意思，我是預約剪髮的山里……

靜：（演出海龜在呻吟的感覺）

山：不好意……糟！我有生以來第一次遇到這種情形……那個……

靜：沒法度！產卵中的海龜可是很神經質，沒辦法一心兩用啦！

山：對不起啦！不知道小靜那麼熱愛海龜，可是妳現在是美容師。

靜：產卵中的嗎？

山：一般的啦！聽懂了沒？一般的美容師啦！

這樣的哏讓我們初次奪獎，也是拯救我們免於解散的哏。

其實這時，我們的團名還是前輩幫我們取的，起初是叫「南海鷹」*，而我的藝名是「門田」。問題是，觀眾群有那種不熟悉棒球的女孩子……我說出這般顧慮後，前輩回道：「那就叫『甜心』*吧。」然後我的藝名是「蘭」。我又向前輩反應我的疑慮，只見他嫌煩似的說：「那就叫『南海甜心』吧。」

感覺這團名好適合我們，不過我極力謝絕「門田蘭」這藝名。

「南海甜心」就這樣誕生。

*王貞治曾經領軍的日本職棒「南海鷹」是現在「福岡軟銀鷹」的前身，門田博光曾是「南海鷹」的知名左投與打者。

*「Candies」（甜心）是活躍於一九七〇年代的日本女子偶像團體，成員有伊藤蘭、藤村每樹、田中好子。

原來在別人眼中，我們是素人

終於站上起跑線的「南海甜心」，不但通過試鏡，以第一名通過淘汰賽的考驗，還獲得固定演出機會；對於當時的我們來說，可說是前所未有的豐碩成果。

來吧！「南海甜心」追風篇正式開始……雖然很想這麼吶喊，但我們很快就碰壁了。那就是：對於以女高中生居多的觀眾投票制淘汰賽而言，人氣可是一大左右因素。是的，我們「南海甜心」沒什麼人氣，所以不但在淘汰賽敗陣，還落入一般試鏡組。

雖然這種司空見慣的情況，活像發酵過頭、味道醇得太特別的起司，但這次顯然不一樣。

如果想法正面積極一點的話，就當作體驗一次登台表演的樂趣，也因此得到肯定，證明我們努力的方向並沒錯。

而且還得到另一劑強心針，那就是「千鳥」、「笑飯」、「水牛吾郎」都替我們抱屈：「你們怎麼可能會落選？」。

因為這句有如咒語的話語，我們立刻振作，有了堪比「勇者鬥惡龍」、「頭目戰」般的滿滿能量，繼續努力。

雖說如此，還是接不到什麼工作；沒想到就在這時，迎來某個轉機，那就是參加關西年輕藝人獎挑戰賽。

規定演藝資歷未滿五年的年輕藝人才能參賽，所以吸引不少各家事務所的年輕藝人挑戰，我們當然也沒放過這機會。這是個約一百組報名，只有十組能過關的超高難度挑戰，參賽者不乏以固定班底身分活躍劇場的藝人。結果我們順利通過預賽。

真的好開心。看著其他一起過關的參賽者，發現那些在劇場十分活躍的藝人竟然落選，讓我更開心，因為沒想到在劇場比我們備受禮遇的人，竟然成了手下敗將，而這結果也成了讓我們好一陣子不會腐爛的最佳防腐劑。

這比賽就是由ABC朝日放送主辦的「ABC搞笑新人獎」，也是年輕藝人登龍門的重要指標，現今十分活躍的搞笑藝人們，幾乎都拿過這個獎。

那麼，「南海甜心」呢？我們沒奪得最優秀新人賞，只拿到優秀新人賞；順道一提，最優秀新人賞是「千鳥」。雖然沒能一舉奪魁，但我們自認盡了全力，也獲得眾人肯定，還能讓大家透過電視螢幕看到我們的表演。

想說我們從此應該會有不一樣的發展，奇怪的是，依舊沒接到任何來自電視台的工作，只能一如往常參加劇場試鏡。

直到某天，聽見ABC工作人員的一句話，我才恍然大悟。

「我們有發通告給你們，卻被事務所回絕。」

發給我們通告，卻被回絕？不懂。

於是，我試著問吉本那邊。

「因為你們是試鏡組的素人，當然還不能接工作，不是嗎？」

一句話就打發我。

我的腦中不禁迸出「真是有夠死腦筋！」這幾個字，但要是據理力爭，對方肯定也是以「沒辦法，公司就是這麼規定」劃下句點，看來只能先忍氣吞聲。總之，我試著安慰自己。

雖然這種事很麻煩，但必須想想怎麼對抗這種迂腐制度才行。憑著「打敗星途比我們順遂之人」這個強而有力的防腐劑，以及一路累積下來的自信，我選擇繼續前進的同時，也做了個決定。

那就是「街頭秀」。

化怒氣為能量

因為「足輕皇帝」時也做過街頭秀，所以我決定在老地方，也就是大阪梅田的大天橋上表演。看著一如既往的熙來攘往人潮，覺得好興奮、好緊張，當然獲獎一事也為我們吸引不少觀眾。

「呃，從現在開始，我們將在這裡表演，如果大家有時間的話，還請觀賞我們的演出，謝謝。」

我行禮之後，開始表演自信能吸睛的哏，沒想到觀眾卻不買單。不同於花錢買票來劇場看表演的觀眾，街上觀眾的反應十分真實，紛紛走掉。奇怪？這套表演深受之前免費進場觀賞比賽的觀眾青睞啊！明明是同一套表演，怎麼反應差這麼多？

直到有位觀眾的奚落聲給了答案。

「聽不見大隻女的聲音啦！」

原來如此。即便用麥克風，有時也聽不見小靜的聲音，更遑論在這車水馬龍的地方，就算是低公害車子的引擎聲，也能輕易吞沒小靜的聲音；加上天橋下方的廣場正在舉行拍賣會的叫賣聲，還有 OL 踩著高跟鞋的急促腳步聲，小靜的聲音當然被輕易抹消。

看來街頭秀行不通……該怎麼辦呢？

「努力發出站上街頭也能聽得一清二楚的聲音吧！」

我心中充斥這股勁兒。但從過往經驗看來，我知道，沒有好好考慮對方的感受，硬是提出要求的作法，並不妥。明知如此，我還是這麼要求：「別磨磨蹭蹭了。拿出點精神來啊！」結果又是度過無數個尷尬瞬間。

我拚命思索該如何要求對方「努力大聲一點」，又不會讓她心裡不舒服的方法。細想過往與人搭檔的經驗，從中找到的答案就是：「好可惜喔！明明說了這麼有趣的哏，別人卻聽不到。」

畢竟同樣一句話，聽的人不同，感受也不一樣。如何讓對方明白我的想法，如何讓對方努力發出聲音，這是必須解決的當務之急；而某位前輩的一番話，讓我察覺一件事。

「山里，小靜昨天自彈自唱哩！但聽不清楚她唱啥就是了。」

於是，我就音量這問題和小靜商討。

我曾聽過她開口唱歌，但那時她唱的是不需要什麼發聲練習的安靜情歌；雖然或許與曲風有關，但要她突然發出從來沒發出過的音量，似乎有些強人所難。看來街頭秀這種表演方式不適合。

但我還是不想輕言放棄，想到吉本的工作人員說出那種放牛吃草的風涼話，就更焦慮，滿腔怒氣促使我刪除逃避這選項。

某天，一件不可思議的工作上門，居然是吉本的大客戶，也就是某家公司的高層人士指名要見「南海甜心」，而且工作內容是，請我們到他指定的地方碰面吃飯。

一頭霧水的我們，依約前往指定地點，瞧見一位年約四十左右的大叔。這位有張大臉、高頭大馬的大叔，微笑又熱情地稱讚我們的表演非常有趣。

這位知名企業高層人士龜井先生，是個除了喜歡看搞笑表演，私下也與好友共組靈魂樂樂團，十分活潑的大叔。聽說生性積極的他看了我們在電視節目的演出後，硬是向吉本提出想和我們見面的要求，本來是不行的，但因為他是重要客戶，公司才破例首肯。

不可思議的事情接連不斷。我們享用了美味大餐，聊了許多，當然也聊到我們的現況。後來龜井先生帶我們去他常去的一間酒吧，我們離開梅田商店街，來到一處有點僻靜的地方，位於地下室的酒吧，流洩著悅耳的靈魂樂，這是精通此道的蓄鬍老闆精心挑選的音樂。

我們坐在吧台小酌，聽著龜井先生熱情誇讚我們的優點，感覺整個人微醺飄然好舒服。我忽然瞥見酒吧一隅擺著一組鼓，一問之下，原來這裡有定期舉辦靈魂樂現場演出，所以音響設備十分齊全。我當下立刻請託：

「可以讓我們也在這裡定期演出嗎？」

化怒氣為能量。不管是被公司人員三言兩語打發的怒火，還是內心的各種焦慮，都轉化成讓我毫不猶豫爭取機會的催化劑。

改變我的命定邂逅

我們在酒吧「THIRD STONE」舉行第一次現場演出，那時不像現在社群網路如此發達，多是靠著店裡的常客以及龜井先生製作的手寫宣傳單，分送給熟客們，吸引大家前來觀賞。

因為沒有後台休息室，所以我和在洗手間換裝的小靜窩在安全逃生梯這裡排練等待上場，感受人潮逐漸聚集在厚重的鐵門另一頭。

排練時，我稍微推開厚重鐵門，瞧見好幾位客人走進會場，還有好幾位熟客忙著招呼。我就這樣開心地一邊排練，一邊頻頻開門偷瞧。

感覺觀眾群以二十、三十幾歲的上班族OL居多。第一次現場演出沒有時間限制，可以把當時的「南海甜心」一覽無遺，所以我們也格外緊張。

終於準備上場了。我們是從店門口登場。離開演前還有一點時間，我稍微打開店門，聽到從裡頭傳來的聲音，龜井先生說明演出流程，還適度加入笑點為我們暖場。不久，龜井先生喚我們登場：

「Please Wellcome！『南海甜心』！」

隨著這句高呼，播放為我們準備的出場曲。打開店門，走進去的我們，沐浴在坐得密密麻麻的觀眾們給予的熱烈掌聲。掌聲與歡呼聲瞬間斬斷「緊張」這個牢牢束縛我們身體的鎖。兩人並肩走在通往舞台的觀眾席走道，雖說是舞台，其實只是比觀眾席高一階而已，但對我們來說，這是最棒的舞台。

我們先表演得獎的哏，響起哄堂笑聲。接著展現的是我們一直很想表演，卻苦於沒有場合可以發揮的兩段新哏；雖然觀眾接受度各半，我們依然樂在其中。

我會趁休息空檔時，劃記觀眾比較沒反應的裝傻部分，順便加上一句「※必須提升power」的感想，待回去後想想怎麼修改比較好，光是這樣就讓我很興奮。

此外，演出到一半時，和我們同期，一樣沒受到幸運女神眷顧的好友NEGO-SIX趕來友情客串兩段。整場除了我們的演出之外，還有串場時間，也安排與現場觀眾互動的時間，將近兩個鐘頭的現場演出順利結束。

龜井先生把掛在牆上的時髦帽子遞給我，要我翻過來拿著，然後拍拍我的背，叫我下台走向觀眾席，只見在座觀眾紛紛將錢投入帽子，龜井先生開心地微笑看著這光景。三人均分這筆不算少的金額，待散場後，一起坐在吧台小酌。

還記得好幾次覺得，我和搭檔可能不行了，沒想到卻順利克服一切的喜悅，在這裡的每一次現場演出，讓我那紙糊的自信逐漸壯大。

一直以來接不到什麼工作的我，總是處在打工、排練，就算排練也沒什麼機會表演的狀態中……所以就算人生崩壞也不足以為奇。然而，這個現場演出阻止我繼續崩壞，龜井先生就是這一切的契機。

「THIRD STONE」的熟客有時會帶著部屬，前來觀賞劇場的淘汰賽，為我們打氣加油；雖然女高中生與一大群西裝大叔們坐在一起的光景十分突兀，卻讓我雀躍不已。

哪怕這只是一個叫自己不要逃避的藉口，也算是我的一項才能吧。

無論試鏡落敗多少次，被事務所工作人員再怎麼奚落，也能讓我告訴自己：「我們絕對沒問題的，不是嗎？」。

所以即便有些牽強，我還是會不斷拿一些事激勵自己。這時的我最常掛在嘴邊的一句話就是：「能讓平時不苟言笑的大人開懷大笑，就是有實力的證明。年輕屁孩無法接受醜男、大隻女，也是沒辦法的事囉。反正只要有機會，我們一定要扭轉情勢！」雖然這股自信毫無根據，但那些溫柔人們的笑聲，驅使我又構築起紙糊的自信。

我很幸運，要是沒有這場邂逅，恐怕早就一蹶不振了。事實上，我遇見了好幾次能讓我這麼說的人。我告訴龜井先生這般心情時，他對我說：

「也許你很幸運吧。但只要努力走出自己的路，一定會吸引欣賞你的人。」

這番話進入我最喜歡的話語殿堂。

總之，我繼續過著不時去劇場參加試鏡的生活，無奈這裡不時有點燃我心中怒火的東西襲來。

好比聽到後輩嫌煩似的說：「今天還要去錄地方節目，好煩喔！」雖然這節目是只限特定地區播放的節目，但你嫌什麼嫌啊！我們可是連表演的舞台都沒有，連讓人家見識新哏的機會都沒有，所以少不知好歹了！不然把機會讓給我們啊！實在很想衝著他怒吼。

但那時我發現一件直到今天還是讓我很重視的簡單道理，那就是：「無論面對什麼工作都要全力以赴，但這絕對不是什麼理所當然的事。」

也就是說，思考每個打擊位置的差異才行動，根本是不自量力的行為。

記得各校紛紛舉辦校慶時，有後輩問我：「哎呀！今年我們只去了十五所學校演出，『南海甜心』你們呢？」那時，我沒好氣地回應：「一所都沒有。」

這一問無疑成了最佳催化劑，不是促使我就此腐化，而是完全轉換成能量。之後無論遇到什麼討厭的事，我都會先把怒氣轉換成能量，然後埋頭苦幹的同時，焦慮感也隨之消失，不斷告訴自己真的很厲害、真的沒問題，累積紙糊的自信。

雖然奶奶說過，生氣時就做個深呼吸，緩和一下情緒；但我會將怒氣轉換成能量，而且轉換速度越快，越錯覺自己很特別。

我們依舊過著沒有電視節目可上，也沒有舞台可以發揮的日子。打工、排練，以及每個月一次的試鏡、「THIRD STONE」現場演出，只有這樣而已。其實有很多選擇放棄走這條路的理由，但紙糊的自信讓我付諸行動，觀眾的笑聲促使我繼續揣著「我們總有一天會爆紅」這般不實的幻想。

我與內心那個「臭屁小山」的相處之道

某天，好友 NEGO-SIX 來電。我們約在難波車站前的速食店碰面，只見他氣喘吁吁地奔向我，喃喃道：

「出大事了！」

如果是拍電影的話，這一幕感覺頗酷，是吧？可惜演員並非俊男美女，所以毫無美感可言，活像恐怖電影的一幕，但這瞬間令我印象深刻。

原來他是要告訴我，劇場經理換人一事。這消息讓我覺得，似乎可以藉機進入一軍，離我們上電視節目演出的夢想更近一步。

「就算得獎，也不代表能在劇場演出。」對我們這麼說，不給我們演出機會的人，就是要離職的劇場經理。即便我們受邀上電視節目，「你們沒有通過劇場的試鏡，所以『南海甜心』還是素人。」他也以此理由拒絕我們，所以一想到那個經理被換掉，我就超開心。

隨著人事異動，運作機制也跟著改變。首先，廢除試鏡一事，改由劇場工作人員、腳本家、吉本的社員一起開會決定劇場演出的固定班底。

這個改變對於一直苦於劇場觀眾以女性居多、所以人氣不高的我們來說，不啻是個好消息。我的腦中頓時浮現「THIRD STONE」觀眾們的笑容。

新機制是以「笑飯」、「麒麟」、「千鳥」為首，其下設有一軍、二軍、三軍。我們得了ABC獎，所以有信心會被編入一軍。於是發表前一天，我和NEGO-SIX決定一起喝幾杯，提前慶祝一番。

喝得醉醺醺的我們盛讚新機制的好，誓言全力以赴，迎接新局面到來。

翌日，眾人在劇場集合。「新機制的成員表貼在這裡。」新來的經理留下這句話，隨即離去。

我抱著確認一下的心態，走去一瞧，發現自己的名字沒列在一軍。

身體裡殘留的酒氣剎時蕩然無存，只覺得腦子變得好沉重。

懷著這種感覺的我依序往下看，發現自己的名字以細細的字體列在二軍名單上。我努力抬頭往上看，發現不少後輩的名字以粗體字寫在佔了這張紙最大面積的一軍名單上。

好羞恥。腦中拚命擠出、分析列在一軍名單上那些藝人的缺點，給他們貼上各種難搞的標籤，自己實在沒理由輸給他們……硬是啟動自我肯定這個最糟的模式。

於是，「啊啊～那個臭屁小山又迸出來了」，我這麼告訴自己，也告誡自己別再鑽牛角尖了。「別把時間浪費在想這種鳥事，我還是很厲害啊！」如此自我安慰，開始思索如何有效利用「臭屁小山」這個人格特質。

我仔細觀察一軍那些傢伙的一言一行，妒火也隨之竄升，為了打倒那些自以為是的傢伙，我得好好想想自己該怎麼努力才行。於是，我利用內心滿滿的焦慮感，在最惱火時決定很多要做的事，還逐條筆記。

總之，馬上將那些傢伙讓人火大的言詞轉換成能量，想想自己該怎麼做，這就是我與內心的「臭屁小山」絕佳相處之道。

下個月一定要晉升一軍。眼前有個如此簡單易懂的目標是件好事，讓我萌生努力打拚的決心，促使自己立刻行動。

沒問題的！一定能讓評審感受到我的努力不懈，晉升一軍……

無奈這個目標輕易破滅，因為某位吉本的社員也是評審之一。

這位女社員是個很好捉摸心思的人，喜歡拍她馬屁的藝人，要是帥哥就更投其所好了。當然，光這條件就讓我出局，顯然我一點優勢也沒有。

記得有一次現場演出，經理與腳本家都給我們高分，唯獨有個人打了個超低分數，就是那位女社員。

滿分三十分，她居然給了近乎零分的超低評。評分項目有「哏」、「音量」與「角色」，我看我們的評分欄，那位女評審只給了「哏」一分，「音量」一分，「角色」零分。

聲量確實沒辦法，因為我的搭檔表演時始終處於囁語狀態；至於「哏」的話，畢竟個人觀點不同，所以勉強接受。

問題是，「角色」這項給零分是什麼意思？她到底有多不滿留著妹妹頭、戴著紅框眼鏡的男人，和身高一百八十二公分高的大隻女搭檔？實在無法接受的我，決定問問本人為何評此分數。

我到現在還清楚記得她那時的嘴臉，只見她瞅了我們一眼，立刻移開視線，一副不耐煩的口吻說：

「我知道自己很快就會厭倦你們那種角色設定，所以給了零分，就是這樣。」

這麼說的她隨即走向其他搭檔，故意高聲談笑給我們聽似的。

總有一天，我一定要把她罵到臭頭！但現在不能這麼做，一旦這麼做就完了。妳給我記住……我在筆記本上密密麻麻記下那天的事情經過，還有為了哪天能臭罵那個人、自己必須不斷努力的事。

為了迎接那天到來，我假裝很真摯地接受她給予的各種負評，也竭盡所能拍她馬屁，然後在心裡不斷告訴自己，這傢伙有多蠢，她這麼做，只是不停加強我那有朝一日報復她的念頭。這麼一想，就覺得一點也不痛苦。

先提示一下，筆記本上記載的這件事發生於二〇〇四年的某一天，後來這心願真的實現了。容後詳述。

原來暖場一事，如此重要

那時，我們不時會得到負責暖場的機會；一如前述，這是與腳本家搏感情得來的機運。暖場就是節目正式錄製前，帶著觀眾練習鼓掌、歡呼等，每個藝人都是從這件事開始學習，無奈我們對暖場一事深感棘手。

好比當小靜高喊：「大家拿出活力來吧！」不時有觀眾吐槽：「妳先拿出活力吧！」不然就是小靜根本還沒說到半句話，暖場時間就結束了。不過我覺得這樣也沒什麼不好，因為實在不想讓大家看到小靜褪去表演魂，扯著嗓門說明這個、說明那個的模樣。只是啊，畢竟小靜的個人特質實在很難改變，也就無法做好暖場工作。

「你們不知道什麼是暖場嗎？一句說明也沒有，到底懂不懂自己扮演的角色啊？」

老實說，因為暖場這工作只是負責炒熱現場氣氛而已，所以我們絲毫沒有罪惡感。沒想到腳本家又迸出這句：

「看看你們搞出來的結果。」

於是，我們半信半疑地觀賞新喜劇。幕開啟，主角登場，觀眾席只是一片騷然；接著是表演者陸續出場，掌聲卻稀稀落落的，激不起演出者的表演魂。只是沒有好好說明鼓掌一事，影響就這麼大？總之，現場氣氛始終熱絡不起來。

最後，腳本家撂下這麼一番話：

「總之，就是這麼回事啦！你們可要好好記住。算了，反正也不會找你們了。」

我們就此失去負責暖場的機會。

矢志成為經紀人的男人

朝日電視台於二〇〇一年開始轉播「M．1大賽」，每日電視台也開始轉播「漫才大賞」來個分庭抗禮。「漫才大賞」是一場不問演藝資歷、專業程度、是否有後台撐腰的漫才競技，將近二百組年輕好手參與預賽，從中選出十組晉級電視台轉播的決賽，難度相當高。

我們「南海甜心」倒是順利通過這道窄門。

這個久違的機會，對於幾乎沒什麼工作上門、獲獎一事也起不了什麼效益的我們來說，能上電視露臉，可是個絕佳機會。畢竟我們好比商品，要是沒擺在櫥窗的話，根本很難讓消費者看到；所以對於當時的我們來說，「漫才大賞」就是絕佳的櫥窗。

要是能因此得到伯樂的賞識，各種情勢便會開始逆轉，也就能啟動我寫在筆記本上的逆襲計畫；所以無論如何，都要藉由這次比賽，讓觀眾對我們留下深刻印象，卯足全力應戰。

當天的比賽是以抽籤方式決定競爭對手。我們的第一組對手是大前輩「THE PLAN9」*五人幫。我們推出的哏是相當有自信的「醫生哏」，表演得相當盡興順利，觀眾的反應也很好；但緊接在我們後面表演的「THE PLAN9」，再次證明薑是老的辣。

公布比賽結果，我們以些微之差落敗，但我還是有和勝者一起陳列在櫥窗的自信。要是有人注意到我們，買下我們的話……我的願望果然成真。

「要不要去喝幾杯啊？」聲音的主人是個身形比我們高大，裹著大尺碼西裝，留著規矩的中分髮型，戴著黑框眼鏡的男子。

這位任職吉本興業的奧谷先生，當時是「笑飯」的經紀人，在吉本的地位相當高，是我們無法輕易和他去小酌的一號大人物。奧谷先生見我一臉驚訝，口氣溫柔地說：

「我們公司有個人無論如何都想和小山聊聊，一起去喝一杯，如何？」

當我道謝，全力表示非常樂意時，有個應該是想和我聊聊的男人從旁冒出來，走向我們打招呼。

他比我稍微矮一點、瘦一點，看起來和我年紀相仿，感覺是個很謙和的人。

然後，從他口中冒出的第一句話是：「實在無法理解。」

＊THE PLAN9：久馬步、淺越浩志等人組成的搞笑組合。

「無法理解什麼？」我問。「今天的漫才大賞啊！我覺得『南海甜心』表現得最好。」感覺他比我還義憤填膺，聽得我心花怒放。

這個男人後來成為「南海甜心」的第一位經紀人，也就是片山先生。

我們一直喝酒、聊天，他說了很多對我們演出方式的感想，也讓我充滿對未來的期待與憧憬，完全忘了那天敗北一事，心情很亢奮。原來聽到有人說我們大有可為，就能如此充滿幹勁，真令人感動。

我心想，要是每天都能這樣，那就太好了。但現實情況是：還是素人的「南海甜心」不可能有經紀人。沒想到片山先生彷彿聽到我的心聲，

「我無論如何都想當『南海甜心』的經紀人。」這麼說。

好高興。我當然很希望片山先生當我們的經紀人，但要怎麼替自己爭取這個機會呢？就在我左思右想時，片山先生開口：

「總之，請你們努力挺進M．1決賽。」

這麼一來，片山先生就能堂堂向公司提出他想擔任「南海甜心」的經紀人。這讓我更加意識到「M．1」的重要性，由衷希望能和片山先生一起共創未來。只要和他一起並肩作戰，就能紅！我打從心底這麼想。

再次讓我知道人與人的邂逅有多麼重要的片山先生，也讓我體悟到，光靠自己拚命

加速、一味往前衝，是沒用的。

我沒有才能。不過，這樣的我卻發現一項自己的長才，那就是我有貴人運。

總之，我試圖美化自己的想法。每當發生什麼激勵、振奮自己的事，我就會冠上「才能」這字眼，加入自己擅長的項目，因為這是讓我不會逃避的一項重要習慣。

嫉妒是絕佳催化劑

挺進「M・1大賽」決賽，成了我們爭取最厲害經紀人的必備條件。「M・1大賽」是島田紳助*於二〇〇一年提議，隨即舉行的一項比賽。只要是演藝資歷不到十年的漫才師都能參加（當時），優勝獎金一千萬日圓，這可是一筆前所未聞的獎金金額。

老實說，起初我想都不敢想要參加這比賽，抱著「總有一天能參加就好了……」的心情，只敢把目標放在眼前一場場的劇場試鏡。

初次挑戰「M・1大賽」是以「足輕皇帝」參加第二屆大賽，出戰兩次便慘遭淘汰。不過，倒是得到不錯的評價，想說堅持下去的話，總有一天會出人頭地吧。所以並沒有受到多大打擊，直到公布挺進決賽的名單。

晉級決賽的都是在電視上見過的知名搞笑藝人組合。如果只是這樣就好了，至少還可以給自己找藉口，告訴自己不必那麼焦慮；但是當我看到某一組人馬也進入決賽名單

*島田紳助：日本知名主持人、演員、製作人。

時，便沒了逃避的藉口。

這組人馬就是「麒麟」。當時在我們參加試鏡的劇場，「麒麟」可是排名和我們不相上下的前輩，但當時默默無名的他們，也是幾乎沒上過電視節目演出。

「反正參加M．1的，基本上都是上過電視節目演出的前輩、有一定資歷的藝人……」結果，我給自己找的這個藉口徹底粉碎。

就算給自己找各種藉口，其實說穿了，就是嫉妒心的催化力超強。我那總是被「無可奈何」這詞封印的嫉妒心，再也壓抑不住的爆發。

於此同時，我發現一件事，那就是：無論資歷如何、有否上電視露臉，只要努力端出有趣的哏，就有出頭的機會。

換句話說，我察覺現在的自己敗給了純粹的努力與有趣。

「麒麟」因為這場大賽爆紅，還得到松本人志先生的大力誇讚。後來我聽聞講評講到一半時，現場的吉本工作人員就已經接電話接到手軟，「麒麟」也從那天開始一炮而紅。

嫉妒就這樣成了催化劑。慶幸自己沒了逃避的理由，一心想著只要不逃避，機會總有一天來敲門，也就花更多時間努力精進自己。沒錯，就是這樣。我告訴自己一定要努力，任憑滿腔妒火鞭策自己前進。

從此，我的所有舞台演出都是為了參加「M．1大賽」而準備。我在好不容易爭取到的定期演出舞台上，一邊沐浴在觀眾的批判聲浪中，一邊重複表演同樣的哏。說得極端一點，要想一路晉級到M．1決賽，只要兩套哏就行了。反正也沒規定不能重演一遍第一回合比賽的哏，所以我左思右想後，決定只專心準備晉級決賽與最終決賽用的兩套哏。

不過，倒也不是一模一樣的東西重複表演，也會做各種細部修改。好比光是「裝傻」部分就試做了五十套備選，然後逐一淘汰到選出最佳的一套；當然，也試寫各種吐槽的詞，花了不少時間試演、修改，直到確定這就是我們要的哏為止。

我還在用來寫哏的筆記本上，記錄吐槽部分的秒數與觀眾的反應情況。每次表演結束後，都會思索要做哪些取捨，再一一筆記。如果想到什麼不錯的點子，就會試著在下一次的舞台上表演，藉以觀察觀眾的反應，確立一個方向。總之，就是反覆進行這樣的準備工作。

前陣子，我數了數自己一路走來，到底寫了幾本這樣的筆記本，居然將近一百本。光是我們初次參加「M．1大賽」用的那個醫生哏，就寫了超過五十遍。拜筆記本之賜，讓我講究到連每個接續詞都很在意。

總之，筆記本助我舒緩應付表演、比賽時的各種緊張。

「我就是這麼努力！」筆記本也成了讓我有此感受的護身符。

挑戰二〇〇四年「M・1大賽」

「M・1大賽」的預賽即將開始。

只要挺進決賽，片山先生就能成為我們的經紀人；加上看到「麒麟」他們成為當紅炸子雞，多麼渴望過上這般如夢似幻的日子，心情也就格外亢奮，每天都很努力迎接比賽之日到來。

沒錯！改變現狀吧。腦中浮現那個說我們只是「試鏡組素人」傢伙的嘴臉，看到筆記本上寫著，如何反擊那個冷笑否定我們的傢伙，再次燃起鬥志。

不過，後來還是很感謝這個人。因為多虧他的迫害，我們才無法順利地出人頭地，也才能發現，世上有許多令我們深受衝擊的新鮮事。

當你一直努力不懈，猛然回顧過往時，與其想著「都是因為那樣才不能怎樣」，不如抱持「拜那件事之賜，我才能成長」的想法，才能獲益良多。

面對討厭的事情時，不要只是怨天尤人、耍廢，而要積極思考如何努力扭轉情勢，將復仇的念頭化為動力。

於是，耳目一新的各種體驗，讓我們走得愈來愈順利。

憑著兩套超有自信的哏，挾著這股氣勢，順利挺進準決賽。

進入準決賽後，瞬間跳級成高難度關卡。約七十組人馬中，只有九組能進入決賽，也就是站上電視台的舞台；而且這七十組可非泛泛之輩，是從日本全國約二千六百組參賽者中，脫穎而出的佼佼者。

寫了好幾十遍的筆記本，與好幾十場的現場演出，給了我難以言喻的自信，「要是努力成這樣還是不行的話，那不管怎麼做都沒辦法了。」可以說，到了如此滿意的程度。不過，看場上其他參賽者的表現，大家應該都是抱持這般自信吧。因為觀眾席頻頻爆出笑聲。

在偌大會場響起的哄堂笑聲，讓我暫時做了各種美夢，一掃可能敗下陣來的憂慮。無論身處什麼樣的情況，觀眾的熱情回應，就是最令人歡喜的獎賞。

因為於東京舉行的準決賽不會於賽後馬上公布結果，所以當天比賽結束後，參賽者們可先返家休息。

隔天前往指定場所，晉級準決賽的參賽者們陸續報到。昨天充滿笑聲、如夢般的會場光景已然消失，取而代之的是緊張感支配體內，就連和熟識的人聊天都不曉得自己究竟說了些什麼。不一會兒，經理拿著一張紙步入會場，張貼公布結果的這張紙。

これまで書き殴ってきた復讐というガソリンたち

・養成所で「関東人おもんな」と言ってきた奴全員許さない。
売れて、すり寄ってきたときに名前忘れてる感全力で出す。

・授業の始まりのときにしんどそうにあくびしながら
「この期はキングコング出たからもういいやんけ」と言った講師の作家、いつか売れたときに作家さんに声をかけるときには
真っ先に名前を外す。そしてほかの新人作家について
「この人がいてくれるだけでほかいらないです」って言う。

・授業でキングコングの受賞してる姿をただビデオで流して
帰った養成所の講師、将来売れたときに「恩師は?」と
聞かれたら、お前以外の講師の名前全部言う。

・社員の○○が否定してきたことを全部やる。それで評価
されたあとにダメ出しをもらいに行って全部無視する。

・「素人だから劇場出番は南海キャンディーズにはあげない」
と言ってきたあのときの社員からの電話は1回では出ない。

・あのとき社員におもしろくないと言われたネタでテレビに出て
ウケる。それを劇場でやってもう1回ウケる。テレビで評価された
あとなら絶対変わるはず。

・たくさんの芸人さんがいる席で僕に
「お前だけは芸人と思ってないから」と言ってきた
大物作家を許さない。
どんなに遠回りになってもいいからそいつの仕事はしない。
それが向こうのダメージになるように
それ以外の人たちのために全力で頑張る。

・僕のレギュラー番組を「あんなの誰も見てねーよ。
そんなことしてる時間あったら○○みたいにうちの番組に
貢献できるようにクイズの勉強しろよ」って言ったスタッフ、
そいつの番組ではどんなにわかる問題でも答えない。

・カップルで彼女が僕に気づいてる横で「誰こいつ知らねえん
だけど」を連呼していたバカそうな彼氏、写真を撮るとき全部
目をつぶって下向いて撮ってやった。

・僕らがやっていた深夜番組にゲストで来たときは
美脚がウリなのにズボンで来て、
そのあとの先輩の番組ではミニスカートをはいていた女タレント。
売れてミニスカートで来てもいっさい弄らないで帰らせる。

「復仇」這個催化劑

・我絕不原諒那個在許多藝人在的場合，對我說：「我覺得你不是當藝人的料。」不管再怎麼辛苦、給我再大好處，我也絕對不會和那傢伙工作。
我會全力努力！加倍奉還他對我的傷害。

・那個批評我當固定班底的節目「根本沒人要看」的工作人員，還說什麼：「要是有時間做這種事，不如像〇〇一樣，多學些對節目有所貢獻的謎題吧。」
看著好了。上節目時就算我會，我也不會答題。

・旁邊坐著一對情侶，女的似乎察覺我是藝人，她的蠢男友卻說了好幾次：「誰曉得那傢伙是誰啊？」這男的果然蠢，自拍時，眼睛都往下看。

，某位以美腿著稱的女明星來上我們參與演出的深夜節目時，居然穿長褲。後來她上某位前輩主持的節目，卻穿迷你裙。
其實妳穿迷你裙來，我也不會吃妳豆腐啊！

一路走來，靠文字宣洩情緒

・那些在 NSC 時，說什麼「關東人沒路用啦！」的傢伙，我一個都饒不了！
我一定要努力闖出一片天，叫你們牢牢記住我。

・那個才剛上課就猛打呵欠，說什麼「這一期幸好有『金剛』」的講師（腳本家），哪天我爆紅遇到你，連你的名字都不屑叫，還會在你面前這麼誇讚新人作家：「我只想和他合作，其他人就不必了。」

，那個在課堂上播完「金剛」得獎的影片後，便匆匆下課的講師，將來我要是紅了，人家問我恩師是誰，我絕對不會提到你。

・我就是偏要做〇〇社員說的那些事。要是得到好評，我要故意說給他聽，完全無視他的批評。

・「因為你們『南海甜心』是素人，所以我不會向劇場那邊推薦你們。」
自從那傢伙撂下這句話之後，我再也不接聽他的電話。

・在電視上表演那套「被那傢伙批評一點也不有趣」的哏，結果得到不錯的反應，後來在劇場又演了一次。只要上電視得到不錯的評價，絕對能突破現況。

身邊開始響起各種喧嚷聲，有人確定晉級決賽，忍不住興奮大吼；也有人因為淘汰出局而失望不已，充斥各種心情。好可怕……要是我們的名字沒在上頭，再耗一年的結果就是一切都遲了。因為自信滿滿，所以更覺得恐怖，再也找不到任何失敗的推託之詞。

瞬間聽不到任何聲音的我，看向那張紙。

紙上有「南海甜心」這四個字。

我緩緩地握緊拳頭，忍住雀躍不已的心情，雖然很想和搭檔分享此刻的心情，無奈她因為賴床，所以沒來。

興奮不已，感覺一直以來描繪的暗褐色未來，開始注入新色，亢奮到無法思考其他事。

那位曾批評我們「馬上會被厭倦」的傢伙也在會場，我想起那本復仇筆記本，現在是復仇的絕佳時機。我走向那傢伙，向他打招呼，然後撂下這句話：

「看來我們還沒被厭倦呢！」

看著那傢伙雙手交臂，露出苦笑的臉，有如為之後美酒佳餚加菜的一道極品。後來我和友人相約暢飲直到天明，我們常去的那間居酒屋的啤酒，堪稱是這輩子喝過最好喝的啤酒。

醫生哏

我想提一下我們在很多場合表演過的「醫生哏」。以作法來說，這個哏堪稱是「南海甜心」的最佳哏版，也就是擷取各種哏的優點，東拼西湊創作出來的東西。如果是一般藝人或許不會這麼做吧。我的確很憧憬那種「只想做自己覺得有趣的東西」的藝人，無奈自己沒這種帥氣吧。只能說，如此崇高的理想，與我現在想要達成的目標無法連結。

我知道身為藝人，不該這麼做；但這次能完全改變我的人生，所以為了這個機會，決定暫時拋棄身為藝人應有的格調。反正只要這次成功，自然有好幾百次機會讓我展現身為藝人該有的格調。總之，現在的我要創造自己心中最滿意的東西，也是現在唯一該做的事。

那麼東拼西湊出來是什麼樣的哏呢？那就是：將其他設定中效果不錯的裝傻橋段稍微變一下，並以不影響整體流暢度為前提，套用「醫生」這設定。

以美容師這個哏為例，觀眾對於小靜做出的那個驚嚇動作（雖然有點老套）很有反應，那麼這個橋段就可以稍微改一下，用在其他設定；換句話說就是，一樣設計個驚嚇橋段來套用，再順勢接上我的吐槽橋段。

雖然不是什麼很高明的作法，但爆笑聲確實一掃自我否定的鬱悶，感受到無上的快樂。

山：我啊，想當醫生。
靜：（雙手一攤，做個有點老套的驚訝動作）喔喔～
山：……平成哦！
靜：小山，那你試著扮演一下醫生吧。
山：沒問題。
靜：我來做個怕火的動作。
山：手術刀。
靜：（做個怕火的動作）
山：手術刀。
靜：（做個怕火的動作）
山：拜託！這樣是叫我怎麼演下去啦……

最初表演這套哏時，是設計當小靜說出那句「我來做個怕火的動作」時，我馬上吐槽：「為啥？」無奈我還沒吐槽，觀眾就已經笑了。想說這樣我不就沒出場機會嗎？所以最後修改成這樣。

基本上，光靠小靜裝傻，就能成功逗笑觀眾，我再補上台詞，這樣的表演形式算是我的原創，而這方式確實讓我信心倍增，也比較有餘裕發想更多點子，無疑成了我的一項利器。

山：那麼，開始進行手術。手術刀？
靜：是。（遞手術刀）
山：汗
靜：是。（拿止汗劑噴向山里的腋下）噗咻
山：？？手術刀。
靜：是。
山：汗
靜：是。（拿止汗劑噴向山里的腋下）噗咻
山：妳在搞啥啦！

我發現讓裝傻橋段有趣易懂，就是自己的存在意義。

坦白說，像這樣分析自己寫的哏，真的很難為情，也很沒品。要是別的藝人看到，也許會覺得我很自大吧。但我真的很喜歡以這方式做出來的哏，也很享受創作的樂趣。吟味這樣的創作樂趣，讓我深信自己的作法正確無誤。

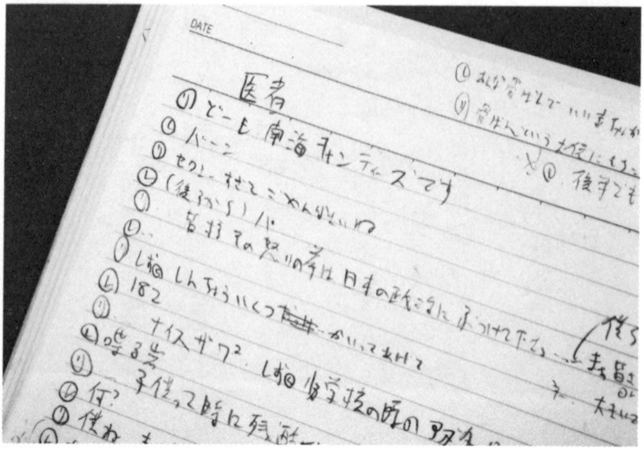

構思「醫生哏」用的筆記本

亮：大家好，我們是南海甜心
靜：咚
亮：太過性感，不好意思啦
靜：（從後面）啪
亮：各位，請將這充滿怒氣的拳頭，朝日本的政治發洩吧！
靜：……
亮：小靜，告訴大家，妳身高多少？
靜：182
亮：nice 小靜，妳小學時的綽號
靜：會說話的岩石
亮：小孩子有時候很殘酷
靜：啥？
亮：我啊

沒什麼可以失去

或許因為自己身為藝人，才會有這種感覺吧。總覺得隨著M・1決賽迫近，媒體越發熱烈報導這賽事。

晉級決賽的「南海甜心」體驗到一件接一件、從未經驗過的事，簡直陷入採訪風暴。說到採訪，一直以來，頂多是我走在街上時，遇到新聞節目正在做街頭採訪，被問及知不知道知名藝人近來發生的醜聞之類，而且播出時是以「梅田的年輕人」稱呼我。

所以像這樣沐浴在閃光燈下，在漂亮的飯店房間裡被許多人圍繞著、侃侃而談的感覺，還真是一時無法適應，總覺得眼前發生的每件事都好幸福。受訪、拍照、稱讚我們的表演很有趣，還喝著昂貴的鮮榨果汁，每一件事都讓我逐漸看到夢想的雛形。

為了不讓自己得意忘形，而萌生怠惰之心，我告訴自己：「要是決賽拿到好成績，就能體驗到比這好上幾十倍、幾百倍的幸福。」

「哏已經寫好了。可以睡了吧？」始終不太放心的我，又在筆記本上試寫好幾個哏。順利寫好後，好好誇讚自己一番，才沉沉進入夢鄉。

要是一般人遇到這種情形，八成都會覺得壓力很大，但當時的我幾乎感受不到壓力，理由很簡單，「反正我們沒什麼名氣」。

所以沒什麼可以失去，因為我始終覺得，我們位於金字塔最底部，光是這樣就讓我覺得很卑微，直到寫出「醫生哏」，這股卑微感才消失；而且人一旦有了自信，便能將所有負面因素扭轉成正向力量。因此，努力打造讓自己有自信的東西就對了。當你找到努力的目標時，帶來的效果可是超乎想像。

而且更加強化我那紙糊的自信，見識到截然不同的人生光景。我知道那時的自己，一方面意識到「促使自己覺得卑微的因素」，一方面又能迅速拋開這種包袱，掙脫壓力。於是，我們一次又一次認真排練；雖說周遭環境起了變化，卻沒有立刻一堆工作上門，只有零星的採訪邀約，卻讓我覺得自己優於其他參賽者，也就更加努力構思決賽時要用的兩套哏。

那時的我初嘗「沒有什麼能難倒自己」的欣喜，畢竟眼前有個大目標，自然激起無窮鬥志，覺得自己一定能在比賽時好好發揮一番。決賽前，我們在「THIRD STONE」暖身，也在劇場的現場演出，試演了這決賽要用的哏。

為了「M－1大賽」而寫的「醫生哏」，就這樣不停寫、一直寫，寫了好幾本筆記本。

夢想起飛

十二月二十六日，我們登上決賽舞台。一年前的我，為了敗部復活賽，搭夜行巴士前往東京，但今年搭的是新幹線。雙腳不停顫抖的我，感覺一切恍如夢境，後台休息室瀰漫著特殊氛圍。

那是給人一種不太好意思練習的氣氛，焦慮到無法交談的的氣氛，我們就處於如此尷尬的氛圍中。

決賽正式開始，所有參賽者登場。這是在年末黃金時段播出的現場直播節目，幾乎沒什麼小螢幕經驗的我們格外緊張。

主持人依序請每一組登場。我們決定好一件事，那就是：上台就定位時，小靜擺個POSE。

為什麼呢？因為我想用這POSE測試一下觀眾的反應，小靜也想確認觀眾對我們的接受度；雖說萬一觀眾不買單的話，也無法臨時修改，但要是反應不錯的話，無疑為我們增添自信，舒緩緊張。所以我們覺得這麼做是有好處的。

輪到我們登場。播放介紹我們的VTR，小靜上台就定位後擺了個POSE。

會場剎時響起笑聲。看來這個賭很成功，緊張感瞬間消失。

所有參賽者一字排開，抽籤決定出場順序。

我不想觀摩別人的表演。一來要是前面的人都得到不錯的回應，勢必讓我們壓力很大；二來深怕別人的哏要是和我們的類似，只怕表演時想太多，反而施展不開。總之，這是我確立今天第一回合的哏絕對沒問題的作戰方針。面對勝負之爭，與其意識到自己戰力不足而深感不安，不如設法消弭不安。

接著，我下意識回想大家對我們這套哏的「正面評價」。譬如，和我們交情很好的腳本家說，他看了之後捧腹大笑；「THIRD STONE」的客人說：「我好久沒笑成這樣了。」聯誼認識的女孩告訴我：「你在電視上表演的那套醫生哏，逗得我們全家大笑。」那天還要到她的電話號碼。足見這套醫生哏，確實能讓我發揮實力。

當我撫著「THIRD STONE」客人們寫給我們的加油卡片，做了個深呼吸時，傳來工作人員的聲音：

「請『南海甜心』準備上台。」

我們走到舞台側翼。我最後一次在腦中上演幻想成功的小劇場，不自覺地嘴角上揚。前面一組表演結束，開始流洩我們的登場音樂。我對小靜說：

「放心，我們的哏很有趣。」

小靜默默地點了一下頭。我高舉雙手，給自己加油打氣後，走向舞台。

我們的哏是從擺個登場POSE開始，畢竟表演節奏偏慢，想說多少先搏取些笑聲，所以決定採這方式開場。

幸虧之前登場時就試過這笑點，所以安心不少，隨即開始表演。面對裝可愛的小靜，我吐槽：

「各位，請將這充滿怒氣的拳頭，朝日本的政治發洩吧！」

果然贏得滿堂彩。這橋段也經過多次嘗試，千挑百選出來的台詞果然效果絕佳，證明我的作法無誤。感覺自己的情緒愈來愈高漲。當小靜說出「做個怕火的動作」時，哄堂笑聲讓我想到一句話。

「我們會因此爆紅！」

整體演出效果比我們想像還成功，我瞧見小靜頻頻露出開心笑容。表演即將結束，內心滿是不捨與愉悅。

主持人今田先生那句：「『南海甜心』的表演真是精采啊！」無疑成了更加炒熱現場氣氛的催化劑。

終於來到公布結果的緊張時刻，螢幕上秀出評審給我們的分數，當下成了最高分，各評審也講評一番。我感覺自己的身體被每一句話溫柔地包覆著，令人興奮至極的瞬間。

我們回到後台休息室，片山先生默默地朝我頷首，讓我預感夢想即將起飛；雖然還有三組人馬的成績尚未公布，但這個絕佳分數，大幅提升我們奪冠的可能性。

「M・1」2004決賽時，我們的護身符。

坦白說，我們本來就沒奢望奪冠一事，只希望看過我們表演的人，能留下深刻印象。所謂看過我們表演的人，除了觀眾之外，還有評審團，以及也是我們鎖定的目標之一，那就是電視台工作人員。我抱著讓「南海甜心」這名字出現在電視企畫會議的心情，決定第二套哏。

第二套哏寫的是小靜挑釁擔任主持人的女明星。我知道在這種比賽場合，這樣的哏可能會被討厭，但那時我覺得，能讓別人記住我們、讓我們爆紅的就是這套哏。

所以當我們確定晉級決賽時，我考慮的不是「一舉奪冠」，而是「那套哏很適合上電視表演，藉以拓展『南海甜心』的知名度」。

明白自己的終極目標為何，也就知道該選擇什麼手法達到目的，所以我相信自己的選擇。

⊙【決賽第二回合的哏】

山：大家好，我們是「南海甜心」。

靜：（擺出發射大砲的姿勢）咚～

山：好～就以大隻女的大砲揭幕！

靜：可惜啊～

山：幹嘛突然這麼說？

靜：（指著女主持人）那傢伙也不過爾爾罷了。

山：妳在胡說什麼啊？

靜：可惜啊～

山：妳到底在胡說什麼啊？妳才可惜吧！

靜：喏，你看，大家都用崇拜的眼神看著我。

就是這樣的哏。這哏也確實受歡迎，讓我有一種被肯定的感覺，真的好高興。但我們還是與冠軍寶座無緣。不過沒關係，那時的我，就是有股莫名的自信。

「M・1」泡影

「M・1」決賽結束後，我們在比賽會場附近的居酒屋舉行慶功宴。那時我的思緒還很茫然，完全不記得聊了些什麼。

手機簡訊、電子郵件爆量。我聽手機留言，聽到母親開心祝賀我：「恭喜得到第二名！」心頓時揪了一下。還記得那時周遭的吉本興業職員熱烈聊著我們的事，我的心情好亢奮。

他們半開玩笑似地摟著我的肩，說了句：「你們會變得很忙哦！」片山先生就是其中一位，他說：「電話會接到手軟。」

我回到家，因為那天沒有什麼工作行程，所以打算在家裡悠哉度過。因為肚子餓了，想說去超市買東西的我，感受到來自別人的目光，聽到他們竊竊私語地在談論我，於是我一如往常地輕輕點頭回禮。

這舉動讓周遭人剎時圍住我，紛紛要求合照。不知所措的我，悄悄藏起右手拿著的特價炸沙丁魚，笑容滿面地和大家一一拍照。後來，我拿著炸雞塊、飯和有點彰顯虛榮心的高級速食玉米杯湯，走向收銀檯。「呀~請過來這邊結帳」、「這邊」、「這邊」，感覺收銀員們都很熱情招呼我去他們那邊結帳。

這是怎麼回事啊？倒也不討厭這種感覺的我，狐疑地走向收銀檯，沒想到明明沒有限時特價，收銀員卻在我拿的炸雞塊和飯盒貼上半價標籤，「幫你加油！昨天的表演真的很有趣。」還這麼說。

明明前天還是不到晚上六點絕對不會貼上半價標籤，今天居然大白天就貼了！真是叫人不敢置信。我趕緊打電話回家告訴母親這件事，她一接電話，便興奮地說：「您好，我是生下大明星的媽媽。」

一問之下，才知道老家那邊也陷入空前未有的情況。家裡電話響個不停，大樓鄰居們紛紛拿著簽名板上門要簽名；還有連母親也不認識，自稱是親戚的人打電話來祝賀；祖母還因為開心過度，血壓飆高而昏倒……母親用高八度的聲音滔滔不絕地說著。我提起剛剛在超市發生的事，電話那頭傳來興奮的聲音：「真是不可思議呢！」還不忘補上一句：「以後別買特價沙丁魚了。」

這一切只是剛開始。我一如往常搭公車出門，果然車上竊竊私語聲四起；和司機先生透過後照鏡不時四目相交的我，只好頻頻點頭回禮，以致於到站下車時，我的脖子也有點痠了。

從公車站走向劇場的我，突然發現一群人「哇」的一聲，朝我奔來，要求合照、簽名。連簽名字體都還沒設計的我，面對突如其來的要求，只好在他們遞出的紙上隨手簽了「山里亮太」這四個字＊。我想，他們看到時應該有點怔住吧。

我一到劇場，「表現得不錯哦！」、「接下來會有很多上電視的機會哦！」前輩們紛紛向我祝賀。

我去事務所確認工作行程。在貼著「年輕新人」標籤的大檔案匣，尋找我的名字，看到預定的行程。一直以來都是一片空白的工作行程上，寫了許多電視台的名字，其中幾個行程還寫上「前往東京」這幾個字。然而，這般歡喜心情只是暫時性的。

因為隨之而來的情緒，是害怕與擔心。

＊一般日本藝人簽名的字體都設計得很潦草，完全看不出在簽什麼。

畢竟來到眼前的東西不只是獎賞，也是機會。各種站上打擊區的機會，突然來到之前還一無所有的我面前；一直努力站上「漫才」這個打擊區的我，卻從未站上過其他打擊區，看來今後也會有很多與我們本業無關的機會到來吧。

面對這些從未體驗過的機會，我能做些什麼？倘若失敗的話，又該如何是好？如此負面的念頭愈來愈膨脹，只好用紙糊的自信竭力壓抑內心的恐懼。

周遭的變化還在持續中。好比我去餐館吃飯時，店家會主動幫我加菜；去打工時，老闆娘以比之前高兩個八度音的聲音和我講話。

就連參加聯誼活動，以往總是讓座讓不停的我，居然成了搶手貨；我那綽號「不會響的手機」，還會接到許多根本沒認識的人的來電；父親打電話告訴我，母親以前都買特價蛋，現在都改買高級蛋；我上雅虎以自己的名字搜尋，出現比三天前多了上千倍的搜尋結果。明明之前用「山里」搜尋，還會出現不知是哪裡的敬老會網頁文案「漫步山里」，這下子全都不一樣了。

我告誡自己，萬萬不能以此自滿，自以為紅到不行，必須將這筆存款擱在手邊，仔細想想站上下一個打擊區時，該做些什麼準備，也必須給自己增添站上不同打擊區的勇氣與信心。

其實，最具體的變化莫過於：經紀人每天遞給我們的工作行程表，表上來自關西電視節目的邀約顯然較多，而且我們幾乎每天都能上電視露臉。這讓我興奮到想影印兩份工作排程表寄至老家。

隨著不斷湧入的各種讚美與機會，伴隨而來的往往是「自負」，這是最可怕的。因此，我覺得秉持謙虛的態度很重要，不只待人謙虛，更要保持一顆謙虛的心。

「我們只是比較走運罷了」、「就那麼幾套哏，觀眾很快就看膩啦」、「可能是第一次看到我們的演出，覺得新鮮吧」，我這麼惕勵自己。總之，千萬不能得意忘形，這是面對這場爆紅風暴中的必備態度。

我與小靜之間的初次衝突

我們開始過著以關西電視台節目為主，有時去東京出演全國性節目的生活。當然還是有現場演出，而且不再只是 best 吉本，也成功站上「梅田花月」和「難波豪華花月劇場」。

不但現場演出場次增加，來自電視節目的邀約也不斷。如此顯著的改變，讓我每天都很驚訝。

第一次有電視節目邀請我們當固定班底，由「笑飯」領軍，陣容有「麒麟」、「千鳥」與「南海甜心」等四組人馬，是個結合「笑飯」與「阪神虎」情報，節目型態十分新穎的關西電視台製播節目。更勁爆的是，這四組人馬都對棒球完全沒興趣，所以當報導阪神虎的情報時，不時可以透過螢幕上另闢的小窗（大家錄影時的真實反應），瞧見正在打瞌睡的小靜。

沒想到我和小靜在出這節目的外景時，第一次起衝突。

外景拍攝的主題是：「一起驗證『男性的手指粗細與小弟弟的大小呈正比』的謠傳吧！」安排小靜冒失地要摸男性的屁股，我趕緊阻止的場面。

小靜趁拍攝空檔時，向被她摸屁股的男子道歉：「很抱歉，剛才對你做了不禮貌的事。」目睹這情形的我趕緊阻止：「我來道歉就行了。小靜還是別這麼做比較好。」

因為我一直想把小靜塑造成怪胎般的存在，希望她是那種就算做了什麼冒失事，既不會道歉，也不覺得自己有錯的人；但她顯然相當不滿我的態度，面露不悅。

只見她瞅著我，喃喃自語：「我也是個普通人啊……」之後就閉口不言了。這時的我完全沒察覺怪獸悄悄湊近。

我這面對之前的搭檔也頻頻發作，應該要徹底反省的毛病「過度干涉」，促使我一直緊鎖眉頭。其實我也不想過度干涉別人的想法啊！但即便這麼想，當眼前有個必須超越現況的目標時，有些事情就是過不了自己這一關。

但這充其量只是我一廂情願的想法，無法強迫對方接受，也不能要求對方理解。所以，如何顧慮對方的心情，有技巧的表達意見，成了我的課題，無奈這時的我還無法精準掌握。

搞到最後，不想再聽我囉唆的小靜，總是撂下我最討厭聽到的一句話。

「我自己會看著辦。」

我之所以討厭這句話，是因為這句話其實有著「好煩喔！我不想再爭下去了」的意思，至少我是這麼解讀。

雖然非常討厭這種鴕鳥心態，卻也不知如何改變對方，只好放棄。

身為搭檔的我們愈來愈不合拍，我卻絲毫未覺，沒注意到的小傷口一旦擱著不管，只會越來越嚴重。

我似乎忘了，嚴以律己的自己和個性比較散漫的搭檔，這樣的組合極有可能走向拆夥一途……

谷底翻身

「M．1大賽」的哏成了我們日後表演的基準，因為今後看我們表演的人們，會以花了很長時間創作出來的「醫生哏」為基準，評價我們的演出，無疑成了下一次創作的壓力。

我每天都覺得，發想新哏的緊張感比以往來得強烈，現場演出的問卷調查也出現不少「我還是比較喜歡醫生哏」的迴響。

這時的我犯了一個錯，那就是將「醫生哏」公式化，也就是套用不同的台詞，配上合適的設定與場景。明明之前也犯過一樣的錯，卻絲毫未覺蜂擁而來的各種警訊。

當一個人沒有足夠自信應付紛至沓來的事物，即便成功，也會擔心自己下次是否能做得更好；一旦失敗，就是再次陷入自責、反省、內疚這般情緒漩渦裡掙扎。

加上身處東京時，不時感受到的疏離感。怎麼說呢？畢竟不是每個人都看過「M·1」，所以在工作現場時，即便我主動打招呼，「他是誰啊？」也會有人一臉狐疑地看著我；不然就是我們主動打招呼，卻連瞧也不瞧我們一眼，只是冷冷說句「你好」的偶像明星；看到他上節目時，向在場所有人打招呼：「早安，今天也請多多指教。」如此有禮的模樣，不免想起，要是之前遇到這種情形，肯定會將滿腹怒氣化為催化劑。但這時的我只想著：「看來我們想來東京發展還早得很啊！這次只是碰巧有機會來，八成很快就泡沫化吧……」負能量滿滿的我，窩在後台休息室胡思亂想。

感覺這場景要是用漫畫來表現的話，肯定會加上表現「鬱悶～」、「愁～」之類的狀聲字。

不過正式上場時，要是這麼沒信心的話，勢必無法好好表現，所以必須先隱藏這種心情。問題是，一旦失敗就會懊惱，也就逐漸陷入負能量循環。

現在我會這麼想，像是「我沒這能耐」或是「不能當老鼠屎」等，都只是告訴自己放棄努力的藉口。一旦習慣用這些說詞推託，總有一天會對躊躇不前的自己失望不已。所以真心認為，要想斷了這種負能量循環，就是不要把自己想得那麼一無是處囉。

那時的我並未察覺，有個最單純的解決方法，那就是：使用自己一直以來非常重視、不斷儲存的自信。

總是以非比尋常速度運轉的結果，就是忘了給自己和周遭人一段暖身準備的時間。因此，當自己遇到前所未有的情況時，也就容易不知所措、煩惱不已。就以錄製節目時，被詢問意見的情形為例吧。本來說好由我們來做結尾哏，沒想到某位偶像明星搶先說出結尾哏，這下子該如何是好呢？又好比一群來賓聊八卦，我們丟出一個哏，結果被某位知名演員打槍：「這是騙人的吧？」這時又該如何化解尷尬情形？

這些都是迄今從未遇過的棘手情況，倘若這時只想著「自己沒能耐化解如此尷尬的情形」，那就真的什麼也做不了。所以必須要有一股正向思考的能量。

現在想想，若不是那時我利用內心的空虛自信，讓自己不至於負能量滿滿，也才有餘力煩惱自己該如何應付各種突發狀況，所以一點一滴累積這種小事也是一種成長。畢竟煩惱該如何扭轉現況，也是一種非常重要的自我學習。

無奈當時的我，完全無法從容思考這種事。

社交恐懼症

忙碌的日子，毫不留情地向還不習慣這般生活的我們襲來，明明很憧憬有這麼一天，卻還是覺得有點難以承受。除了劇場的演出之外，還要上電視節目，甚至演戲。那時的工作排程對於還不太適應忙碌生活的我們來說，著實有點吃不消。

在大阪的劇場演出結束之後，還要擔任電視節目的來賓；錄影結束後，搭新幹線趕赴東京，然後排練到早上，再搭頭班車回大阪。白天在東京工作，結束後趕回大阪的劇場演出、上電視節目，再搭末班車前往東京排練到天明。

我們在東京上戲劇表演課期間，沒想到吉本興業這麼大的公司，居然只幫小靜安排住宿日租公寓，我卻什麼都沒有，理由是「因為小山是男生」。

完全無法理解如此差別待遇的我，只能默默接受，沒想到公司那邊的人還建議我去網咖過夜。起初想說「借住同劇演員的家裡」，但對於天性怕生的我來說，根本不可能這麼做，只好輾轉在不同地方過夜。

過著這般日子的我，搞不清楚自己究竟在瞎忙什麼。這時，有個關西的新節目找上我們，我卻連抱怨腦子快被榨乾的立場都沒有，只好硬著頭皮寫哏，果然品質很差，還沒正式錄影前便慘遭批評；但不同於以往的是，這工作並未就此打住，因為打著我們是「晉級M・1決賽」的漫才搭檔，應該有宣傳效果，所以還是決定在節目上表演這個哏。

果不其然，非但觀眾不買單，我們還被奚落是只紅一次的搞笑組合。

我已經完全看不到自己的立足點，總覺得自己活得不上不下，給很多人添麻煩。

這時我最常掛在嘴邊的一句話，就是「對不起」。這樣的我，變得很怕和別人說話，也畏懼他人的目光，在心裡搞的妄想小劇場，總是一片黑暗。

那種看著工作排程表，想到全國各地都看得到的興奮心情蕩然無存，取而代之的是，「萬一失敗的話，又該如何是好」的不安感愈來愈膨脹，感覺心裡每天都響著莫名的噪音。

逐漸崩壞的心

一直努力構築的空虛自信，就這樣消失殆盡，即便自我催眠「你是個很有趣的傢伙」，腦子裡還是不斷浮現別人的批評；就連爸媽的加油打氣，聽來都覺得刺耳，焦慮不已。

我想得到別人的肯定，覺得我很有趣，無奈這念頭不知不覺地扭曲成「我不想讓別人覺得我很無趣」，完全找不到立足點。即便很想找人吐苦水，卻又擔心被潑冷水，也沒人可以聽我傾訴；當然，我知道這種事不能跟小靜說。

我聽到自己的一顆心咯吱作響，就算演出獲得熱烈掌聲，也會懷疑：「八成是花錢請來的鼓掌大隊吧。」

於是，最麻煩的敵人襲向缺乏自信的我。

我把這一切歸咎於搭檔。

「明明我煩得要死，卻什麼都是我來承擔」，逐漸萌生這般情緒的我，完全不想和小靜好好溝通，只覺得一切是那麼茫然。

或許對於當紅藝人、演藝界大咖來說，這些煩惱根本微不足道，但當時的我卻逐漸被逼至窘境。即便我試著冷靜、客觀審視現況，卻逼得自己更鑽牛角尖。

認清自己陷入負面情緒漩渦，是件非常恐怖的事。要是本身擁有絕對正向能量，審視自己的缺點是件非常有意義的事；但要是缺乏正向能量的話，這麼做只會促使自己更消極。

記得那時每日放送的「漫才大賞」又將舉行。

我們很辛苦地通過預賽，晉級直播賽。第一回合的對手是和我們交情很好的同期二人組「鮪魚鮭魚」（久保田和信、村田秀亮的搞笑藝人組合）。他們當時的作風和我們截然不同，是那種「做自己覺得有趣的東西就對了」，對自己有著絕對自信的搞笑藝人。

老實說，他們也是我最不想正面交鋒的對手之一。

從那年開始，「漫才大賞」改採由一千位高中生投票的評選方式。我們準備應戰的哏是東拼西湊，幾年前表演過的哏。當我和小靜出場時，不是我自誇，堪稱是那天台下觀眾反應最熱烈的一刻，但如此熱情的掌聲，反而讓我痛苦難當。

我們的演出在觀眾全程毫無反應下結束，一想到出場時的熱情歡聲，我只想找個地洞鑽，趕快下台一鞠躬。輪到後攻的「鮪魚鮭魚」出場，觀眾的反應很冷淡；但隨著演出進行，他們的表演贏得滿堂彩，每個人的笑聲有如一把把刺向我的利刃。於是乎，「鮪魚鮭魚」的演出在哄堂大笑中落幕。

先攻的我們再次出場，會場還沉浸在歡樂餘韻中，而我只想趕快逃離。開始進行評審，主持人喊道：「『南海甜心』與『鮪魚鮭魚』，你們喜歡哪一組呢?請按鈕！」

我不敢抬頭。會場響起「喔喔～」聲，結果出爐，700 VS 300，沒想到竟然輸得這麼慘，根本是一場一千比零之爭。

我羞愧得快哭出來。

這時的我只迸得出一句話：「對不起。」雖然不知道這句「對不起」是對誰說，但我知道這是自己當下最真實的心情。

回到後台休息室的我默默換衣服，明知待會兒還要出場，但一想到要站在那裡，就覺得好痛苦，索性離開。

單憑己力根本無法改變現況，無奈挫折、打擊依舊接踵而至。

我的心也逐漸崩壞。

再次登上「M・1大賽」

工作行程滿檔的我，依舊過著忙碌不已的生活，創作哏的時間也就愈來愈少，以致於常有同一套哏演了好幾遍的情形。

劇場是最能直接感受觀眾反應的地方，果然開始出現這樣的觀眾問卷留言：「電視咖的搞笑藝人不要再來劇場了」、「不要小看劇場表演！超不爽！」、「趕快去東京當個只紅一次的搞笑咖啦！」，劇場觀眾的反應就是如此直接，每次都有人這麼酸我們。

但我實在太喜歡大阪的劇場，不想放棄這舞台，所以還是盡量擠出時間創作哏。可想而知，「硬擠出來的哏」品質肯定不好；不過，有時還是會發想出不錯的哏就是了。雖然步調慢了點，還是創作了幾套不錯的素材。

就在這時，「二〇〇五年M・1大賽」登場。

相較於去年，我覺得最大的差異就是花在創作哏的時間變少了。其實無論是去年奪冠的「不可接觸」（山崎弘也、柴田英嗣的搞笑藝人組合），還是歷屆得獎者皆有此感受。

即便有此前車之鑑，但成軍兩年的我們，居然沒什麼庫存的哏，還真是個不能啟齒的祕密。

我們用「硬擠出來的哏」又贏了第二回合，但隨之而來的是難以言喻的壓力，那就是我們被冠上「冠軍候補」這詞。

過關門檻比想像中來得高。還沒發想出哏之前，簡直緊張到快吐出來的第三回合，總算順利過關。緊接著晉級準決賽，用的是我最有自信的哏，果然贏得滿堂彩；但這情形和去年一樣，贏得好評是一回事，能不能得獎是另外一回事。

等待結果的期間真的好難熬。上次落敗有種理所當然的心情，畢竟光是得到好評，就已經很開心了。但這次被冠上「冠軍候補」這詞，要是落敗，不就表示演藝生涯告一段落嗎？

深夜兩點左右，電話響。

「這裡是『M・1事務局』，『南海甜心』確定晉級決賽。」

我頓時虛脫。「太好了！」正在出外景的我，趕緊發mail告知小靜。

但有一點和上次完全不一樣，那就是恐懼竟然大過開心。

以我們現在的狀況，真的有晉級「M・1」決賽的水準嗎？拿得出不負盛名的實力嗎？難道不是因為我們當紅，考量吸睛效果，才讓我們過關嗎？腦子裡不斷冒出各種自我貶抑的想法。

可悲的是，自己無法立刻回答這些疑問。我一看我們的工作行程表，決賽之前還有工作要消化，到底什麼時候才能好好準備演出呢？

內心的恐懼不斷膨脹。

直到決賽前一天，總算有時間進行最後一次排練，無奈排練了好幾次，還是不太順利。隨著時間分秒流逝，兩人只好在不甚滿意的情況下結束排練。

決賽當天，我們比集合時間提早三小時到場排練，硬是鼓足幹勁。明明即將上場比賽，腳本卻改來改去，沒個定論，最後決定以原先的腳本應戰。

演出時最重要的一件事，就是必須拿出「自信」。

然而，站在舞台側翼的我好想逃走，瞅了一眼身旁的小靜，她也是緊張得直發抖。

看來一切都結束了

坦白說，我已經不太記得上台演出時的情形，只記得幾乎聽不到笑聲。我站的位置可以清楚看到評審席，他們的表情讓我彷彿聽到有人這麼說：

「這兩個傢伙為什麼能站在這裡表演啊？」

演出結束後，一副不曉得該如何講評的評審，表情又讓我在腦中擅自編織各種毒舌評論，「應該能表現得更有趣才對啊！」、「不是當紅嗎？怎麼表現得這麼差啊！」即便他們並沒有這麼說。

觀眾給予接在我們之後登場的參賽者們，那種一波又一波的爆笑聲，有如狂風挾帶的碎石子，砸得我痛到無法睜眼；狂風卻遲遲未歇，逼得我只想趕快逃離現場。

前方攝影機的螢幕上，映著勉強擠出笑容的我。掀起這波爆笑狂潮最高峰的參賽者就是「黑色美乃滋」，他們的表演如此閃耀生輝。這般光景對我來說，就像快要暈厥時，眼前突然出現一道強光；又像是玩遊戲時，突然迸出來給予致命一擊的魔怪。

我只想趕快解脫，感覺自己不但輸得一敗塗地，還要看著勝者繞場一周接受歡呼，心如刀絞，找不到任何自我安慰之詞。

我們回到後台休息室，片山先生笑瞇瞇地邀我們去小酌，他的一番話，無疑拯救了我快崩壞的心。

「要是這次敬陪末座就有意思啦！當紅的人要不是最好，就是最差。」

那時的我只覺得，這番安慰之詞實在牽強，如今我才明白這番話的意思。遭逢人生低潮時，端看自己是要一味懊惱，還是將懊惱化為武器，付諸行動。

無奈那時的我想不通這一點，構築出來的空虛自信，也被擊潰得化為塵埃。

還沒參加「M・1大賽」前，我們就已經很不習慣這種忙碌生活。二〇〇四年接踵而來的各種機會，讓我每次被三振時，更快知道自己不過爾爾；而這次的「二〇〇五年M．1大賽」，更是讓敬陪末座的「南海甜心」墜入谷底。

我已經無法自救了。

現場的笑聲聽起來像在毆打我，就連因為我說的話而引爆的笑聲，聽起來都讓我羞愧不已，不由得想：「站在你周遭的人都超有趣，你作何感想呢？就你這實力，還想在這圈子混下去？這些笑聲不過是在嘲諷、同情你罷了。」

我現在才明白，像這樣發現自己的無能、自責，只是無意識地想給自己找個逃避的理由，讓自己舒坦些罷了。

而讓我能夠暫時逃離工作，覺得心靈得到救贖，能夠肯定自己的唯一一段時間，就是吃飯。

「既然這是一段為了活下去必須花費的時間，那就暫時不要想工作的事吧。」

我決定好好用餐，什麼都不想，於是點了好幾片披薩，默默吃著。猛然回神，才發現面前的披薩被我一掃而空。

「看來一切都結束了。」

我發現自己說這句話時，心情最平靜。

忘れるな!! 必ず復讐する!!

・バイト先で「お前は売れない」と言って サインを破り捨てたジジイ
売れた後 絶対にサインは断る.

・社員の[redacted]の言った「お前達はあきられてる」と 異常に低い点数をつけたこと

・[redacted]に出してやるというのをエサに ナンパさせたり 飯をおごらせたり してきた
スタジャンのスタッフ. 売れて、この世界から消してやる

↑ こいつ本当のカス

夜中に[redacted]Pに会わせてやるからコンビで来い」といわれて
行ったら そいつの友だった. 第一声が「なに?ネタやる?」だった
され その友に向けてネタやらされた、[redacted]

売れる. 売れたら本気でつぶす!!

絶対に一生許さない

眠くなったら あのスタジャンの顔を思い出せ!! 起きろ!!

ネタを書け!!

あいつらを全て後悔させてやる

絕不能忘記！一定要報仇！

・那個對我說：「你紅不了啦！」還當場撕掉、扔掉我的簽名的糟老頭，等我紅了以後，絕對拒絕幫你簽名！
・那個說觀眾很快就會看膩我們表演的吉本員工〇〇，居然還給我們打了個低到匪夷所思的分數！
・那個說要安排我們上〇〇，主動向我們搭訕，還請我們吃飯，穿棒球外套的工作人員，要是我紅了，一定要讓你從這圈子消失！

這傢伙根本是人渣

半夜打電話說什麼可以安排我們和〇〇碰面，要我寫哏給他看，結果居然耍我一頓！
我一定要紅！要是紅了的話！一定要你好看！這輩子絕不原諒你！
要是想睡的話，就想想那個人渣的嘴臉！等著瞧！
我要拚命寫哏！
讓那些傢伙後悔到不行！

終章　克服無數個想哭的夜晚

來自好友們的肯定

某天，新宿的「LUMINE the 吉本」舉行名為「哏王大會」的活動，各搞笑團體分別端出兩套拿手絕活，我們也受邀參加。

步出飯店、前往會場的我，告訴自己準備粉墨登場了。

但我一回神，赫然發現自己坐上開往老家千葉的電車，察覺搭錯車的我趕緊下車。走近新宿「LUMINE」百貨公司，還是很怕和別人近距離接觸的我，一直坐在安全逃生梯那裡。

當我決定「離開這圈子」，尚未告知小靜之前，先找一直以來很照顧我的「千鳥」大悟先生懇談。當時以大阪為活動據點的大悟先生，打算在東京舉行脫口秀，遂找上我。「就算你不想幹了，也要來幫我。」大悟先生說。坦白說，毫無自信的我根本不曉得該如何站上舞台……但既然是一向非常照顧我的前輩親口請託，就把它當作是告別演藝生涯之作吧。想說演出結束後，再告訴小靜。

脫口秀當天，我還得進棚錄製節目。工作總算告一段落後，我踏著沉重步伐前往演出會場。

極度沒自信的我，給自己打了超低分，打算用這場表演，為飽受挫折的演藝生涯畫下句點。

我真的能逗笑觀眾嗎？腦子裡不停上演悲劇英雄般的情節，害怕得又想逃避了。

我來到「千鳥」舉辦脫口秀的會場，大悟先生拍拍我的肩膀，這麼說：

「在等你呢！好了。就像以往那樣說些有趣的事吧！」

準備上台。大家推了我一把，我開始表演。

就在這時。

傳來哄堂笑聲，而且我一開口，台下就是一陣爆笑；不是幻聽，也不是什麼幻術，這是許多人發自內心的笑聲。「Negoshix」*和「鮪魚鮭魚」的久保田，一本正經地說著我的趣事，炒熱會場歡樂氣氛，大悟先生還趁機作球給我。

待我猛然回神，才發現自己講到忘情，完全陶醉其中。

觀眾被我逗笑，因為我的吐槽而開懷大笑，深切感受到每個笑聲。感覺一直以來黏在我身上這塊稱為「負面情緒」的鏽蝕部分，隨著忘情投入表情，逐漸褪去；雖然這說法很老套，但那時的我打從心底感受到「夥伴」這玩意兒，真的好快樂。脫口秀就這樣順利落幕。

久保田對我說：「果然很有趣啊！」Negoshix 笑著對我說：「太有趣了。你還是快點去領便當吧！也好少個競爭對手。」大悟先生也笑著對我說：「你總算回來了。」

＊ Negoshix：搞笑藝人根來川悟。

然後，大悟先生又說了句：「這麼有趣的傢伙說要退出這圈子，應該嗎？」我用因為講太多話，以致於有點沙啞的聲音說：「我會繼續努力。」只見大悟先生開心地說：「歡迎歸隊。」

從此，我再也沒想過要退出這圈子。

再次喚醒「虛張聲勢的自信」

下定決心告別這圈子的瞬間，突然一口氣聽到許多從未聽過的溫情話語。好比演出結束後，經紀人片山先生對我說：「剛才那個硬拗對方的地方很有趣。」我明白這絕非安慰之詞，而是他的真心感受。

雖然母親的加油打氣成了一股無形壓力，卻也轉化成，為了想看到雙親開心笑容，促使我更加努力的燃料，感覺眼前的阻礙一一被剷除。

因為遭遇挫折而放棄一直以來的努力，絕對是最好的煞車方式；正因為失去，才要更努力。我總算察覺自己應該做的事，就是重新站上起跑線，審視一切。

什麼是讓我最開心的事？那就是創作哏。總之，繼續創作就對了。

我想站上舞台表演我寫的哏，雖然觀眾不一定買單，也有怎麼表演都不順的時候，但這是一項活用素材、不斷改造的作業。

藉由專注創作哏這件事，讓我再次認知自己是個藝人，內心那紙糊的自信也為了打造「藝人・山里」這形象而復活，憶起一路走來聽到的無數觀眾笑聲。於是，當紙糊的自信戶頭重啟時，我活過來了。

我發現自己一旦朝著別的方向前進時，紙糊的自信便發揮不了作用。這樣的我，並非在無數次失敗場合，用光所有貯存的自信，而是面對苦難時，忘了如何安慰自己，也就是忘了如何善用自信。

紙糊的自信幫助我在演藝這條路上，打造過許多讓別人覺得有趣的事，所以一旦我對於藝人這身分的認同感變得薄弱時，這股自信的效果也跟著變差。也就是說，這股自信不但讓我再次確認目標，重返戰場，也認知到善用這股自信有多重要。

這樣的心情在其他場合，也開始出現正向效應。

想像別人看到我寫的哏，會如何看待我們的表現，再次確認彼此的角色定位；這種感覺就像觀賞綜藝節目時，會透過「要是我們的話，會怎麼演」這濾鏡看待別人的演出；雖然不是什麼萬無一失的作法，但頗好用就是了。感覺自己的一切有如上油的齒輪般，運轉得愈來愈順暢。

哪怕只是一點點舒爽的風吹來也好。我這麼告訴自己，不但提振士氣，還覺得風勢愈來愈強。

這就是人家說的，一種為了激勵自己更好的正向壓力，期許自己越來越好。

當然，還是會遇到各種挫折；但自從我試著著眼自己的優點，不要一味否定自己後，再也不會陷入之前那般低潮狀態。或許這說法有點誇張，但心態方面確實積極許多。

一個人遭逢挫折時，很容易鑽牛角尖，所以低潮時找到的正向力量，往往能發揮超乎想像的效果。當然，我期許自己能做到。

至於我那一帆風順時，就會不時出現的天狗病，倒是在周遭頻頻遏阻下，讓我不至於變成惹人嫌的自大鬼，尤其感謝經紀人片山先生的協助。

片山先生不會指責我，而是以「失望」這方式鼓勵我。

「我想小山應該不會做這種事吧。抱歉，是我過於期待。」

這句話最是刺耳。片山先生真的很看好我，當我回應他的期待時，他很高興，也為我接洽不少讓我有所發揮、不斷成長的工作。

所以讓全心全意愛護我的人失望，可是比什麼都令我難受。

雖然期望自己從此順利揚帆前行，但這業界可沒那麼好待。

嫉妒小靜

這不是什麼完美的復活，因為我還沒找到善用「決心努力」這般心情的方法。

而且完全忘了之前學到的教訓。

那就是嚴苛對待搭檔。本來就很寡言的小靜，錄製節目時也常當省話一姐。排練時也是狀況頻仍，小靜總是記不住台詞，「我想照自己的方式來演」這句話老是掛在嘴邊，再找些莫名奇妙的理由為自己辯駁，所以我常為此發飆，頻起衝突。但我認為，這也是互相激勵成長的一種方式。

催化我心中怒氣的導火線就是：小靜人氣飆升，愈來愈活躍，接了不少廣告代言一事。

明明我這麼努力，痛苦不堪，沒怎麼努力的她卻星途順遂。

這般心情導致「南海甜心」陷入黑暗期。

我強迫小靜每天要寫五個「大隻女的二三事」給我，這麼做是為了幫助她增進表演實力。不過，我現在才敢說出來，其實當時之所以這麼做，多少也是出於嫉妒，不想看到她太活躍，想說藉此剝奪她的一些時間。

我最討厭聽她說自己和某位名人去吃飯、出國旅行的事，所以總是很生氣的提醒她別得意忘形，必須更努力。

分明就是自己的嫉妒心作祟。但要是不這麼做的話，只怕小靜會越來越迷失自我，所以給她出了那樣的作業。

此外，她還做了自己也覺得很過分的事，那就是：聽到小靜要請假出國旅行時，嫉妒不已的我買了一片收錄好幾位女藝人漫才演出的DVD給她，還冷冷地說：

「妳出國期間要看完這片DVD，想想妳哪裡贏得過她們。對了，既然要出國旅行，那就帶二十個關於旅行的哏回來吧。」

小靜一臉不情願地答應。也難怪啦！我潑的這桶冷水還真不是普通大。現在想想，要是小靜對我這麼做，我早就提議解散了。對不起，我的搭檔。

無奈那時的我不會這麼想，畢竟那時她在我們冠名的綜藝節目演出時，居然省話到連一句話也沒搭腔，但這些事都無礙她越來越飛黃騰達。

還記得自己在地獄筆記本上寫道：

「做好隨時被甩的心理準備」

「趁對方去玩時，寫好哏，找個單獨發表的場子」

「不想再幫她了。我也要來個一句話也不說，讓她好好反省一下」

「看她就知道，沒能耐的人想紅，只會自曝其短罷了」

嫉妒與焦慮迫使我不知所措。

引爆點就是小靜接到電影《扶桑花女孩》的演出邀約。

起初，經紀人只找我談這件事，問我：「有一部有趣的電影找小靜演，可以吧？」

我馬上回道：

「她還不知道這件事吧？那就別跟她說了。」

我是人渣，一邊寫，一邊罵自己。這本書要是池井戶潤先生的作品，應該會給人一種大快人心之感，反正不管哪裡都有人會幹這種事，但這是山里亮太的自傳……自己都覺得自己腹黑得很可怕。

我和經紀人的密談結束，結果如各位所知，經紀人確實將電影邀約一事告知小靜。再者，我的搭檔開始練拳擊……明明該做的工作都沒做好，倒是一頭栽進興趣裡，再次引爆我的怒火。

這時的我萬萬沒想到，居然是拳擊讓這段黑暗期劃下句點。

關係降到冰點的二人組

「『南海甜心』的小靜要以拳擊進軍奧運為目標」

這則新聞標題突然映入我的眼簾。或許大家覺得很怪，我不是聽當事人親口告知，而是看新聞才知道。

因為我們的關係降到冰點，而且經紀人也將我不滿她開始練拳擊一事告知小靜；畢竟嘴巴長在別人身上，我也無法阻止。

不過最令我驚訝的是，小靜練拳擊一事，居然稍稍消減我的怨氣，因為她以奧運為目標一事，成了我們最大的武器。一直都是當作興趣在做的事，在我的策劃下，逐漸成了工作的一部分。

但這件事似乎讓我的搭檔非常不高興。

「你根本是基於工作考量，才開始支持我練拳……」

這麼說的她明顯不悅。不過練拳擊練到鼻青臉腫，多少也對工作有所影響，我當然也很氣，所以我們對於彼此的怨氣，在我心裡算是抵銷了。不，其實並未抵銷，因為我還是會對小靜宣洩怒氣。

某天，我在前輩相原先生舉辦的新年會上，拚命數落小靜的不是。

沒想到相原先生對一直抱怨「再也忍不下去」的我這麼說：

「我知道你承受了不少，但要是沒她的話，你也孤掌難鳴，不是嗎？想想你要是跟她說：『別跟我說妳要拆夥。』你覺得她會怎麼回應？她要是回說：『我不會主動提拆夥，我知道自己是託小山的福，才能一路走到這裡，也許你會提議拆夥，但我絕對不會主動提這種事。』……你會怎麼做呢？」

我不知如何回應，為什麼呢？反省嗎？不是。

「凡事只想到自己，實在太狡猾了。」

這麼想的瞬間，覺得自己真是個人渣；後來又聽聞各種事，更是讓人渣山里對他的搭檔有所改觀。

以電影《扶桑花女孩》的片尾名單為例，小靜的名字旁邊加上「南海甜心」，聽說這是她的要求，畢竟自己身為「南海甜心」的一員，當然希望這名字多一點曝光機會……

一邊爬梳文字的我，愈來愈替自己感到汗顏，也逐漸明瞭小靜的心情。

坦白說，因為我對她做了不少很過分的事，所以她應該很討厭我，完全無視我說的話，搞得我焦慮不已。但其實並非如此。

以奧運為目標練拳擊是一件非常辛苦的事，小靜甚至曾滿身大汗地在後台休息室昏倒，匆忙趕來演出更是常有的事，但她還是甘之如飴。

因為我聽到小靜這麼說：

「我練拳擊後，才明白小山說的『盡全力去做』這句話的意思，原來我從來沒這麼要求過自

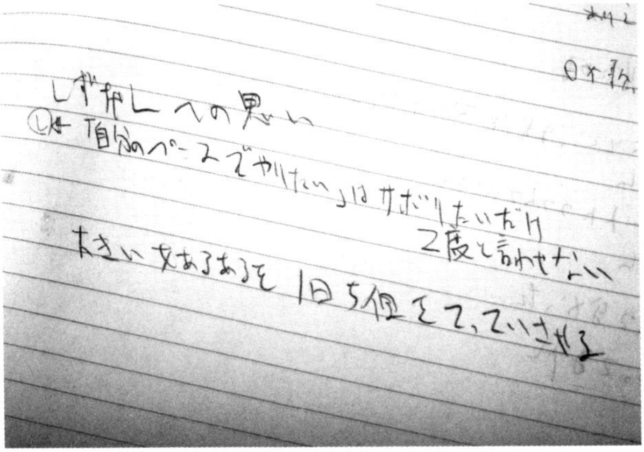

給小靜的建議
「我想照自己的方式來演」只會更怠惰罷了
別再說這種話了

一天給我弄五個大隻女的二三事

己。」

瞬間，我發現自己的內心起了變化。

或許我是氣她把我的話當耳邊風，只求自己開心、竄紅，嫉妒她沒怎麼努力還能爆紅吧。

我幹嘛這麼焦慮呢？

要不是身邊有個這樣的搭檔，不然我根本什麼都沒有。

從此我逐漸改變心態，不時提醒自己，一定要對搭檔抱持感恩的心。就這樣，逐漸修復我們的關係。我居然把小靜視為對手，這心態根本大錯特錯，她是我的夥伴啊！

縱然如此，還是不時會覺得她不夠努力。

不過我發現「努力」這件事，外力施壓是沒用的，必須發自內心才行。

所以我必須更努力地鞭策自己，促使對方產生焦慮感，激發她的上進心。

這招確實逐漸奏效，只是效果沒那麼明顯。但只要一步步來，便能拉進彼此的距離，有所改變。

直到某天，小靜主動說出「想再參加一次M・1」這句話……

想再參加一次M・1大賽的決心

託大家的福，我過著每天忙於工作的充實日子，除了自己最喜歡的定期現場演出之外，還有在更大的舞台舉行的個人秀，也順利落幕。其實，享受這般順遂日子的同時，我不止一次問自己，照這方向前進，是最好的形式嗎？

就在這時，經紀人找我商談一件事。他告訴我：「小靜說想再參加一次M・1。」

事實上，我以各種理由不斷延續「M・1」這話題，讓小靜不會忘了有這比賽；雖是我單方面發動的策略，但試圖刺激搭檔的這項作戰計畫，倒是把自己引導到最佳狀態，得到不少樂在其中的工作機會，還能明確看到努力的成果，真是令人愉快至極。

然而，想要針對「M・1」發想哏、排練哏一事，卻始終在我心裡盤旋。

還記得某一年的「M・1」賽事中，我被某位同期的演出逗得捧腹不已，打從心裡覺得好酷。

二〇一五年歲末，我邀請小靜來上我主持的深夜廣播節目「無意義的爭論」；雖然這在現在是理所當然的事，但以前的我可是會對公司說：「我絕對不會邀請搭檔上我主持的廣播節目。」所以邀請搭檔當節目嘉賓一事，也算是「南海甜心」逐漸改變的證據。

雖然小靜是透過電話獻聲，但趁著節目播送，我想親口向她確認出賽「M・1」的意願。

我早已知道答案，只是想完美地斷了退路。

「嗯，我想參賽。」小靜用比平常再高亢一點的聲調回應。

於是，我們決定再次挑戰「M・1」。

再次挑戰「M・1」……迸出這句話的同時，心情無比興奮，自以為酷的強烈意識，足以掩蓋內心的恐懼。

我們參與劇場演出的次數愈來愈少，漫才的水準更是大不如前，引人發噱的哏更是少得可憐。我一看行程表，驚覺工作內容與過往差異甚大……

消息放出後，來自周遭的鼓勵與期待愈來愈熱烈，我卻找不到足以回應這些溫情的證明……當我坐在書桌前，準備好好創作哏時，竟然有種近似後悔的心情。

無奈已經沒了退路，只能放手一搏。

「活用各自活動時培養的能力，打造屬於『南海甜心』的全新漫才，一決勝負。」這個信念就是支持我們參賽的最大力量。

那麼，該如何活用兩人一起在劇場表演漫才時，激盪出來的火花；還有我參與綜藝節目演出、主持廣播節目、舉辦個人秀等培養出來的能力，以及小靜練拳擊、參與連續劇演出時培養的能力呢？

絞盡腦汁的我，在筆記本寫下不知所以然的哏，拿給小靜過目，結果排練過程瀰漫一股「這個有趣嗎？」的狐疑氛圍；雖然寫的人不是小靜，所以她不好意思多說什麼，但明顯感受到她的猶疑。面對這般情況的我決定中斷排練，回去修改腳本。

無奈坐在書桌前的我一籌莫展，就像考試前總是不斷有個「叫我先去睡一下再說」的誘惑襲來，難敵睡魔的我鑽進被窩。

自知情況不妙的我，不斷回想當初描繪的光明未來。問題是，現在躺在這裡，光明未來也許就會崩解，於是猛鑽牛角尖的我趕緊逃出被窩。

也曾經歷無數個猛捏自己臉頰的夜晚，這麼做是為了驅散睡意嗎？我也不清楚。實在不明白大喊：「搞什麼鬼啊！」還猛捏自己臉頰的自己到底在想什麼？

結果，還是以表演過的哏挑戰第一回合賽事，但試圖在吐槽部分加入力道更猛的要素。

來自周遭的毒舌批判

站在舞台側翼，準備迎戰第一回合的我，緊張到想吐。既然是再次挑戰，居然就這種程度？彷彿感受到這樣的眼神。

其實一切只是自己的不安與想像罷了。但這樣的感覺更恐怖。位於地下室的某劇場，坐了幾十位觀眾，被緊張感包覆全身的我，步向舞台中央。只見我緊張到忘了高舉雙手先向觀眾打招呼，直接開腔。

當我們一站上舞台，觀眾便給予溫暖的掌聲與笑聲，逐漸融化我的緊張。

可惜我還是有些怯場，聲音顫抖，台詞說得有點含糊不清，觀眾卻還是給予掌聲，祝賀我們回歸吧。

當我步下舞台那瞬間，坦然地向小靜低頭道歉：

「對不起，我太緊張了。」

只見她笑著說：「真的哩！」要是以前的話，絕對不會如此互動。

沒想到我們居然順利過關，只是公布結果時，我緊張到連自己都覺得有點難為情。

當然，我也多少耳聞後輩在網路節目毒舌批評我們。

「真是不懂『南海甜心』的哏為啥都設計得那麼刻意啊！而且缺乏新意，就是給人很老套的感覺。」後輩嘲諷地說。

或許我們的哏確實如他們所言，但這番批評還是令我火冒三丈，於是我翻開「地獄筆記本」，動筆發洩滿腔怒火。

「說我們『南海甜心』的哏根本不怎麼樣的○○（搞笑雙人組）!!你們是什麼東西啊?!也不想想我和你們，誰聽得到的笑聲比較多！搞清楚！是老子我！混帳！我這輩子只有今天會提到你們的名字！衝著你們的狗眼看人低，老子我就拚給你們看！多虧你們的刺激，謝啦！這是我最後一次把時間浪費在你們身上！等著瞧！我會把怒氣轉化成努力的動力，拚到底!!」

眼看第二回合賽事迫在眉睫，我卻還是想不出說服自己覺得最好的哏。

面對別人不時對我們的惡意抨擊、成名後需要付出的代價，還有那些覺得我們既然回歸，卻還是拿些換湯不換藥的老哏出來唬人的批評……

我毫無反駁的自信。必須有自信一點才行！我這麼鼓勵自己。將這些毒舌批評寫在紙上，貼在桌前。我嘖舌，大聲說出這些批評，試圖讓腦子清醒。

接下來必須動員人脈，打贏這場仗才行。我請廣播節目那邊的夥伴幫忙，趁節目開播前，請他們幫忙看看我寫的哏，給予意見，傾眾人之力完成比賽用的腳本。

總算找到嶄新的表演型態，我心目中的全新「南海甜心」於焉誕生！

這是以山里的毒舌為基調的漫才，盡情發揮我在電視節目培養出來的東西，藉以襯托出小靜的女演員氣場。

也就是說，小靜扮演讓我深感棘手的類型，然後我不斷毒舌、吐槽她的漫才。

我好喜歡這樣的哏。

落幕的同時，意味著一個階段的結束

準決賽即將登場時，我的搭檔去了一趟北海道，幸好她即時趕回來，沒讓我們成為最後上台的參賽者。

為了把握時間排練，我在羽田機場候著。因為沒時間換裝，所以穿著舞台裝，就這樣坐在羽田機場的入境大廳，複習腳本。班機比預定抵達時間稍微遲些，只見穿著舞台裝的小靜衝出來，我們火速坐上計程車，在車上排練。

司機先生一臉不解地，看著突然衝進車內、隨即不停交談的乘客。

我們趕到準決賽會場，直接上台。台下坐無虛席，觀眾們的掌聲與歡呼聲讓我感受到他們的期待。

掌聲聽來像在說：「『南海甜心』回來了！歡迎回歸！」、「你們是真正的漫才師！」

我開心到眼眶泛淚。擺出場姿勢時的歡呼聲更是令我飆淚，趕緊趁放下手的瞬間，捏了一下側腹止淚。

我想回應這份期待。

這是全新的哏！明亮的光線照著我，反觀小靜卻有點施展不開，有種因為不是她寫的哏，所以也不好抱怨的憋屈感。

結果，還來不及發揮我們的實力，時間就到了。

有件事直到現在我還是不明白，那就是：時間一到，舞台燈光變暗時，我冷不防大聲迸出一句腳本上沒寫的詞。

「死定了！」

這句話肯定代表著我當下的心情吧。因為沒什麼時間好好排練、討論，我們在這裡敗下陣的同時，一切也結束了。本來還有一次敗部復活賽，有逆轉勝的機會，無奈和小靜的工作行程撞期，只好放棄。

我們的「二〇一六M．1大賽」就這樣落幕。

小靜的淚水

「二〇一六年M．1大賽」結束後，再次邀請小靜上我的廣播節目，因為是關於漫才的節目內容，我決定腳本最後一段要這麼寫。

山：（對著胡言亂語的小靜說）妳在胡說八道什麼啊！再這樣搞下去，人家就不覺得我們「南海甜心」有趣啦！

靜：不會啦！明年「M．1」想出更有趣的哏就行啦！

山：最好是啦！

我們就這樣馬上決定挑戰下一次的「M‧1大賽」。

決定參賽的最主要理由之一，就是準決賽時，來自觀眾的掌聲。那瞬間，我們真的覺得好幸福，由衷覺得，走上演藝這條路，真是太好了。而且我們也打從心底希望自己能成為最酷的漫才師，所以決定再次挑戰。

雖然這場仗不好打，但因為我們現場演出的次數變少，反而更想挑戰新哏。環視周遭，我們的對手幾乎都是後輩，而且他們都有豐富的舞台演出經驗，所以很少像我們這樣必須抽空排練。

有時看著他們談笑風生的樣子，總讓準備排練的我有些難為情，也就很怕待在後台休息室，只好坐在逃生梯那邊偷偷排練。今年當然也有人毒舌批評「南海甜心」是靠名氣才能一路闖關，雖然我不否認，但會將這種惡意批判化為動力。

我們想辦法擠出時間排練，就這樣逐漸塑造出「南海甜心」的新漫才型態。

小靜也一反常態，不但主動問我何時排練，連腳本也熟記，也會針對自己演出的部分提出意見，保持良性互動的我們逐漸成長。

結果我們在準決賽止步，雖然參加了敗部復活賽，卻還是沒能挺進決賽。失敗的原因在於我那揮之不去的緊張情緒。

我對這套腳本很有自信，搭檔也表現得相當完美；但坦白說，打從排練時就不是很順利，過於緊張的我，說話速度總是太快。

我們排練時，從一旁螢幕傳來的爆笑聲促使我更加緊張。

工作人員請我們準備上台。站在舞台側翼的我，聽著眼前兩組人馬獲得的哄堂笑聲。每次一聽到笑聲，就感覺心臟緊揪一下。試圖擺脫緊張感的我，要求搭檔和我做最後一次排練，無奈觀眾的笑聲讓我無法專注，竟然犯了可笑的錯誤。我好焦慮，看著站在我們前面的這組參賽者走向舞台中央，頓覺心跳加劇、口乾舌燥。

要想掙脫這種感覺的方法只有一個，那就是前面那組參賽者出現嚴重失誤……但既然賭上人生，站上這舞台，實在不可能發生這種事。於是，從觀眾席傳來的爆笑聲又讓我痛苦不堪。

總算輪到我們登場，內心的緊張程度破表。

我以比平常高八度的聲音說出第一句台詞：「大家好！我們是『南海甜心』！」接下來，不但在緊要關頭出錯，一向最有自信的吐槽部分，也表現得不盡理想。

但還是聽得到一陣陣笑聲，逐漸緩和我的緊張；雖然直到最後一段才完全沒了緊張感，但搭檔說她很享受這次的演出。

比賽結果出爐後，站在舞台側翼的我，一臉神清氣爽地說了句：「結束啦！」早已收拾好心情。

我決定這是最後一次參賽，因為明明身為參賽者中最年長的我，卻比誰都緊張，不但跑了十幾趟洗手間，還不敢在自信滿滿的後輩面前排練，覺得這樣的自己好羞恥。

再者，即便不參與這套比賽規則，我和搭檔還是可以表演漫才，所以才做此決定。

我看向站在身旁的搭檔，她不停啜泣。看來現在不是開玩笑的時候。

我以為她和我有著同樣想法，沒想到我想錯了。

「我好想再站上那舞台表演……」

或許意識到自己脫口而出這句話吧。只見她哭得更厲害。

這淚水，是因為想再披戰袍吧。

察覺到這一點的我，準備了另一紙戰帖，而且為了防止自己臨陣退縮，還特地在自己的廣播節目宣布這件事。

「南海甜心」首次專屬現場演出「他力本願」*。

我決定挑戰自己一味排斥的專屬現場演出。

*借助別人的幫助來實現自己的願望。

初次見到的景色

一般搞笑團體會在成軍那年舉行專屬現場演出，之後以每年至少舉辦一次為目標，累積演出用的腳本；但我們成軍後便以「M－1」為目標，打的是「如何用數量不多的腳本參賽」這個策略，所以壓根兒都沒想過嘗試各種哏來演出的專屬現場演出。

再者，我的嫉妒心促使我們之間有所隔閡，也就越來越不會想說辦什麼專屬現場演出。

「專屬現場演出」是一種非常考驗搭檔默契的表演方式，但對於一路走來的我們來說，還沒辦法這麼做。但小靜顯然一直很渴求這樣的戰場，無疑讓體悟到「必須更站穩腳步」的我心情沉重。

自從宣布我們要舉行專屬現場演出後，我們久違地連著好幾天密集排練，有時甚至跑到住家附近的 KTV 加強練習。

二〇一八年二月，終於來到專屬現場演出當天，我從前一天開始就忐忑不已。演出會場位於規模頗大的劇場「東京 Globe 座」，感謝大家的捧場，座無虛席。

腦中又浮現各種討厭的事，盡是往壞處想。

唯有排練才能拂去這些負面情緒。這次的專屬現場演出可是蘊含著「南海甜心」重新出發的意義，所以決定以當初讓我們一炮而紅的「醫生哏」作為開場秀。

開演時間到來，小靜堂堂地走在我前面。我們站在昏暗的舞台中央準備開始演出。

布幕隨著主題曲開啟，台下滿滿的觀眾給予我們最熱烈的掌聲與歡呼，這歡呼聲讓人泫然欲泣。我仰頭看著上方裝設的舞台中央麥克風。

忍住奪眶淚水的我想起許多回憶。

那時的我曾想過，漫才會一路帶著我們來到如此美好的地方嗎？

一路走來跌跌撞撞，不管是那個「一直埋怨搭檔在電視節目的表現一點也不有趣」的我，還是努力不讓「南海甜心」解散的我，正因為有這些時光，成天煩惱不已的我，才能站在如此奢華的地方。

今後還是想繼續做著成為這一切的契機、屬於我們的漫才。

而且要是沒有站在身旁的搭檔，根本無從開始。

對不起，謝謝。

再次熱淚盈眶的我，努力吞下這句話，發出聲音：

「大家好，我們是『南海甜心』！」

之後，包覆我們的是助我實現夢想的笑聲與掌聲。

我一直很憧憬天才們眼中的景色，始終覺得，那是自己和搭檔無法瞧見的光景。

當自己樂在其中時，就會引爆歡笑聲，於是我們看到這片景色。

雖然我離「天才」這詞還遠得很，但我們已然站上起跑線，真的好開心；想說不可能有這麼一天，竟然美夢成真。

可惜我還是無法成為天才。但這般殘酷事實，不是作為放棄的理由，而是一種目的。

當我感受到別人的期待而努力時，或許就能得到成為天才的機會。

縱然我還有許多不是之處，但期許自己還能看到這片景色，不斷前行。

萬一哪天提不起勁的話，就看看這本自以為是的拙作，斷了退路，再次努力吧。

肝に銘じろ

・陰口言ってる奴らを恨む時間は死ぬ程ムダ!!!
あいつらのウイニングランになるだけ

、本当に嫌だ！ これを一回言って最後にする。こんな思いを1秒でもしないようにするためには圧倒的に努力すればいい。相手の粗を探してるのは勝ちではない。むしろ大負けだ！ これに気づかせてくれたという点では あのクズも役に立った！ 俺の勝ち

、手を抜かれるほどなめられてるのは、相手に怒るのではなくて、その位置の自分に怒れ

リに

ー 目の前でこっちには挨拶するわけでもなく、ずっと座ってスマホみてたアイドルが、売れてるMC見つけた時にみせた立ち上がるスピードと、高い声を忘れるな

、眠くなったらあいつの笑ってる顔を思い出せ

、嫉妬は努力不足の時に襲ってくる。向こうが凄いんじゃない。自分が凄くないと思ってしまうような生き方してるからだ〜

、人の失敗を探して心を落ちつけるのは、相手の失敗にプラスを生み出してしまう最悪の行動。相手はただ失敗しただけなのに俺の時間をうばうことに成功してしまう！

、自分が何を思おうが、相手にはなんの影響もない!!

銘記於心

怨恨那些暗地說我們壞話的傢伙，根本就是浪費時間！！只是讓那些傢伙更得意忘形罷了

「真是有夠討厭！」這是最後一次埋怨了。為了讓這念頭連一秒鐘都不能出現，只有拚了命地努力才行。光是戳對方的缺點是無法贏過他的，必須讓對方徹底慘敗才行！衝著這一點，肯定是我贏！

被別人瞧不起時，不是衝著對方發火，而是要氣自己還停留在這等程度。

我永遠不會忘記那個，明知我們就站在他面前，還坐著不停滑手機，看到當紅 MC 卻馬上站起來熱情打招呼的偶像明星。

想睡的話，就想想傢伙訕笑的表情！

嫉妒總是在自己努力不足的時候襲來，不是對方太厲害，而是總是看輕自己。

拿搭檔的失敗當定心丸，給自己打強心針，無疑是最差勁的行為。搭檔只是不小心失敗而已，卻成功剝奪我的時間！

一切都是自己鑽牛角尖，對方絲毫不受影響！

（目標）

期許自己擁有面對他人莫名其妙的批判，絕不屈服的自信

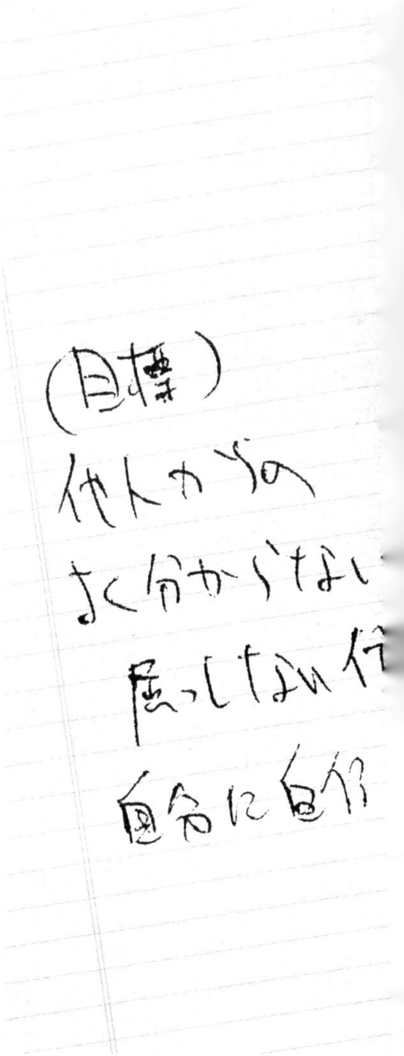

〈解說〉他是我最想擊潰的男人／若林正恭（藝人）

這世上，有人覺得山里亮太才是天才嗎？

我試著在推特用「山里」、「天才」等關鍵字搜尋，發現還蠻多人稱讚山里亮太是個天才（這是這傢伙最想聽到的事吧）。

不過，就算山里亮太嚷嚷：「我放棄成為天才！」我也不想當面告訴他：「小山，其實你是個天才哦！」

因為這傢伙的目的，就是要引誘我一臉服輸地對他說這句話。

他硬是把我拉上擂台，進行「山里關節祭」*。

「天才」這詞對這傢伙來說，絕對是促使他努力加速的燃料。

所以當他說「我放棄成為天才」時，我會淡淡地回他：「是喔。」

因為如果回說：「會這麼想的人，才是天才啊！」他一定會趁勢在深夜廣播節目、電視節目更加發揮實力。

*山里亮太、若林正恭不定期於澁谷公會堂舉行的現場演出。

對我來說，山里亮太是最好的朋友，也是我最想擊潰的男人。

於是，山里亮太啊！

對我說什麼：「若林，你這麼忙，還拜託你寫解說文，真是不好意思。」又要把我拉上擂台嗎？

好吧。算了。反正我答應寫的理由之一，就是：要是我不寫，山里周遭的人恐怕只會寫稱讚「小山是天才」的文章吧。

這個任務可能落在 TBS 廣播節目的共演者，或是 TBS 廣播電台的某位工作人員，也搞不好是他的前任經紀人片山先生的頭上吧。

雖然很不情願，但既然要寫，就得由我來寫，否則嚥不下這口氣。

因為我是被他的才華搞得最懊惱的人。

不過，小山。我會盡力寫出讓聽眾不會酸言酸語：「山里和若林又開始虛情假意地互讚對方了。」的文章。

也許我會不客氣地朝引誘別人上擂台，卻躺在擂台上睡覺的小山那張臉，揍個幾拳吧。

還想沉浸在本文餘韻的小山粉絲們，勸你現在立刻闔上書，等到內文差不多忘得一乾二淨時，再看這篇解說文吧。

我初識山里亮太，是在二〇〇四年的「M・1大賽」。

那時我在搭檔家，和許多藝人前輩一起觀看「M・1大賽」，纏了一條絲巾的他，颯爽出現在中古真空管電視機畫面。

「各位，請將這個憤怒拳頭對準日本的政治。」

漫才一開頭的這句話，著實讓我瞠目結舌。

本文也提及，當時男女搭檔可是很稀奇的事。

當時的「M・1大賽」還是男性當道。

所以，這對男女組合不時交錯著有點老梗的台詞，偏緩的節奏，以及不會太刻薄的吐槽，實在很新鮮。

加上只有小靜才能塑造出來的「型」、講出來的話，搭配山里亮太那優秀的語感與接話時機，堪稱絕妙組合。

第一次見識到這種「兼具否定與提點」的吐槽方式，頻頻讓我大開眼界。

所以我真心認為，標準語吐槽史是以山里亮太為分水嶺，分為過往與之後。

那時根本拿不到什麼工作的我，迷上他的吐槽方式。

反覆看著 YouTube 上，名叫「山里亮太　吐槽二七連發」的影片。

超凡實力讓我完全視他為前輩。

正因為他不知道，當我得知他是同期時的沮喪與絕望，才會輕言說出「我放棄成為天才」這句話。

從南海甜心初次參與「M．1大賽」，又過了四年。

二〇〇八年的「M．1大賽」，當時以五分之差（不，應該更多）打敗「南海甜心」的我，開始在電視節目露臉。

閱讀這本書時，讓我想到自己初上節目時的心境折磨與掙扎。

乍見好像是個天賜的大好機會，但對於當事人來說，卻是只要踏出一步就落入地獄，每天過著走鋼索般的日子。

我和小山一樣，初次參與綜藝節目演出時，也是參考別人的演出，汲取經驗。

那時，我和小山之所以搭檔，是因為「不靠譜二人組」總導安島先生簽的線。

安島先生平靜接受缺乏電視節目實戰經驗的我，提出的各種煩惱與牢騷。

「一樣也要上節目演出的小山，也有著同樣的煩惱和牢騷呢！」

那時，安島先生懇切地說。

「小山？是山里先生嗎？」

總覺得山里先生要是說出同樣的話，我的抱怨就不算無理要求。

二〇〇八年，我因為美劇《超能英雄》上節目宣傳，初次與山里亮太碰面。

「『山里亮太　吐槽二七連發』的山里先生！」

無奈當時的我非常怕生，根本不可能主動搭訕。

用憧憬前輩的眼神看著山里這傢伙，是我這輩子最大的失誤。

他真的很貼心，接住我們這些綜藝新手拋出的拙哏。

山里亮太是第一位面對春日*的招牌動作「tooth!」，還能吐槽得如此巧妙的人。

我喃喃著：「這就是吉本實力派的吐槽啊！」

錄影結束後，工作人員致贈「HEROES」盒裝DVD給山里亮太。

「哇、真的要送我嗎？謝謝！」

他開心地看著手上的禮物，那模樣八成是演的。

後來，我果然從安島先生口中聽聞，他對於電視現場演出有所抱怨。

「要不要和小山碰面，聊一下？」

「山里先生大概對我沒興趣吧……」

*春日俊彰，搞笑二人組「奧黛麗」成員，搭檔是若林正恭。

我還是不太習慣面對自己十分憧憬的前輩。

過了幾週後，安島先生終於忍不住出手。

我們在中野一間古民家風格的居酒屋包廂拍攝，安島先生扮演坂本龍馬，與我扮演的桂小五郎，以及飾演西鄉隆盛的山里亮太。

席間，初次得知，原來他大我一歲，一直以為他是前輩的山里亮太，竟然和我是同期。

我錯愕不已。

我的同期竟然有這樣的天才（我最後一次這麼稱呼他）？

安島先生，你告訴我！像我和山里先生如此講求演藝資歷的人，輩分差個一、二年真的很重要，對吧？

一陣錯愕的我重整心緒，說出我反覆看他的「山里亮太　吐槽二七連發」影片一事。

他一臉怔怔。

那種負責吐槽的藝人，在吉本可是很受後輩尊敬，但他似乎完全無感。

（有這等實力的人竟然不受愛慕，可見他應該沒什麼人望吧！）

我在心裡這麼想。

大家曉得，怕生的人與同樣怕生的人，應該說個性陰沉的人與同樣陰沉的人相遇，可是會比交際手腕一流的人，來得更快、更百倍投契嗎？

山里先生聽到我說「不喜歡待在休息室」時，異常興奮。然後聚會時，聽到我說「討厭聚會」這句話時，他更是開心。

一旁的安島先生微笑地看著我們交談。

一直以來，我在電視現場演出，感受到的孤獨與疏離感，頓時得到療癒，有種想和山里亮太擁抱的感覺。

但是正逢炎熱夏季，看著他身上那件印著電玩遊戲圖案的T恤有點濕濕的，想想還是算了。

小山對我說：「我還是第一次遇見不喜歡應酬的藝人！」好似在另一個星球遇見同樣是地球人一般雀躍無比。

這是我認識「一樣也住在討厭聚會星球」的佐藤滿春*以來，遇到的第二個一樣討厭聚會的人。

於是，就這樣組成了縮小版的薩長同盟（不靠譜二人組）。

*佐藤滿春後來也參與演出綜藝節目「不靠譜二人組」。

現在想想，根本是安島先生刻意安排吧。

力求改革「盡量凸顯自己的存在感」、「最喜歡聚會」等，在當時視這些事是王道的幕府（搞笑藝能界），不靠譜二人組的現場演出於二〇〇九年八月舉行。

那時，我第一次和山里亮太搭檔演出。

從想哏、排練階段開始，就讓我詫異，「怎麼有人的專注力這麼強啊！」

畢竟我的搭檔是春日。

無論是哏的數量，還是花多少時間排練，小山都有著超乎常人的熱忱。

終於正式上場了。

不靠譜二人組的初次漫才表演，讓我萬分滿足地步下舞台。

只見山里先生在舞台側翼那邊對我說：

「抱歉！我覺得那裡稍微停頓一下比較好吔！」

向我頻頻低頭致歉。

老實說，我不曉得他說的到底是哪個橋段。

後來，這景象成了慣例。

不管是正式錄影完之後，還是下了舞台，準備換幕時的一點點待機時間，「若林！

不好意思！那邊要早點切進去！」

他總是小聲地、語帶歉意地對我這麼說。

而且表演結束後的他總是苦著一張臉，自我反省。

偷偷說，每次演出結束後，還有工作人員負責安慰小山。

不靠譜二人組舉行為期兩天的現場演出，第一天表演結束後開檢討會時，他的雙腿一直搖個不停。

起初，我以為他在自慰。

沒想到小山突然大喊：「我想修改今天的演出內容，為明天做好準備，可以先走一步嗎?!」

一旁的安島先生聽到他這番話，趕緊扒了幾口什錦飯，和小山一起離去。

隔天，他完美呈現修改後的哏。

但那天晚上的檢討會，他依舊一邊喝燒酒，一邊自我反省。

後來我發現，山里亮太是那種，就算百分之九十九成功，也只會注意百分之一失誤的人。

他到現在每天還是和百分之一的錯誤搏鬥。

他會在回家路上反芻這百分之一，為此苦悶不已。

回家後，馬上攤開筆記本、筆電書寫反省文。

再寫上今後遇到同樣狀況時該如何應付的對策。

練習完隔天的工作內容後，自慰一番，直到天亮才去夢周公。

我去他家時，看到他用圖釘在書桌前方牆上釘了一張紙，上頭寫道：「趁別人歡樂聚會時，一定要想辦法擠出一個新詞。」

因為是用紅色原子筆書寫，看起來很像遺言。

都已經是綜藝節目的熟面孔了。這傢伙的自律性到底是哪兒來啊？（本書有清楚提到。）

幸好他的筆電裡有個救贖，那就是名為「中野・高円寺高CP值店家情報」的檔案。

言歸正傳，不靠譜二人組的漫才組合概念是「雙向吐槽」。

然而，站在他旁邊的我發現一件事。

我根本敵不過他的吐槽功力。

我和山里亮太以及幾組藝人錄完某節目後，走在電視台走廊上的我被前輩藝人叫住，這麼說：

「若林，你的吐槽功力不錯，但沒辦法像小山那樣引人發噱吔。」

雖然我多少有感覺到，但被別人這麼說，真的超沮喪。

你這話很傷吔！鈴木拓也先生！

因此，我聽到小山說什麼「放棄成為天才」就一肚子火。

要是沒想過「我是天才」，就不會有這念頭。

我和久違的家鄉女性友人們，約在居酒屋聚餐。

「若林，你和山里先生很好吧？山里先生說的話好有趣喔！每次都被他逗笑。」有人這麼說。

我也有過被這種話語刺傷、心生嫉妒的時候。

後來，我以「這樣觀眾比較容易理解」這裡由，向他提議由我擔當「不靠譜二人組」的裝傻部分。（小山應該不知道這段來龍去脈吧？）

於是，我放棄了自己在「奧黛利」時，以遣詞用句作為特色的吐槽方式。換成「少囉唆！」、「少來！」這種直接表達情緒的吐槽方式。

其實論詞彙力，山里亮太絕對贏不了我。

今後應該也沒人贏得過我。但小山是先驅者，他一出手，怕是很難有人企及。

在他為自己能否成為天才一事煩惱之際，應該沒注意到，自己是個善於啟發別人的天才（我又說漏嘴）。

這樣的我，還是有著錄製過各種電視節目類型的自信。

不過，還是要說句公道話，我可真沒見過比山里亮太更擅於接話的藝人。

這是（純屬個人感想）嗎？

大家平常看他在節目上的演出，不覺得嗎？

他聽到別人的評論後，那種快、狠、準的立即反應，常常讓我覺得，他的腦幹還是語言區塊的結構是否異於常人。

當然，山里亮太的努力精神也非比尋常，但光靠努力，腦子要是沒有哪個部分特別發達的話，不可能如此快、狠、準的，理解、回應某種現象或情況。

還有一點。

令人意外的是，山里亮太很容易暴衝。

不是指他學生時代是個不良少年、問題學生，而是他骨子裡很叛逆。

無論是前輩還是後進，他無法忍受來自別人的敵意。

尤其是侵犯到他的自信心。

他一定會加倍奉還。
問題是，他不擅長肉搏戰。
所以如各位所知，他都是利用深夜廣播節目、現場演出等機會，來場遠距離操控型戰爭。
之前，電視台工作人員被問及：「誰是當前最牙尖嘴利的藝人？」全場一致回答：「小山。」
不過，我平常倒是沒聽過他在廣播節目裡展現牙尖嘴利功夫。

其實，他還有著不良素質。
出身千葉（對於同樣出身千葉的人，很抱歉），父親原本是拳擊選手，不曉得能不能爆料，他哥哥曾是當地有名的「CLOSE ZERO」*。
山里亮太，可說是格鬥派的遠距離操作兵。

二〇一七年八月，我去看他在後樂園會館舉行的個人現場演出。
看著他在擂台上邊說、邊繞圈，不時抓著圍繩，宣洩怒氣的模樣，我想到一件事。
那就是：他這個人毫不矯飾。

*二〇〇七年東寶電影公司出品的一部描述不良少年的校園電影。

讓你看見他每天在工作、生活上受到的傷。
不單讓你看到帥氣的一面，也讓你聽聽發生在他身上不堪的事，瞧瞧他的狼狽樣。
但粉絲們對他這般浴血奮戰的模樣相當買單。
因為他是個值得信賴的人。
再也沒有藝人比他更適合站在那樣的擂台上喋喋不休了。
那模樣有如格鬥選手。
就是那浴血奮戰的模樣，吸引到本書提及的那些「美好邂逅」，不是嗎？
表演結束後，仰慕他的業界相關人士，在後樂園會館後台休息室的走廊上排長龍。
我站在隊伍後方，看著演出結束後閃閃發光的山里亮太，和業界相關人士愉快談笑。
我將送給他的一只碗與一雙筷子，以及寫著「你一輩子都是孤獨的人」的卡片交給工作人員，沒和他打招呼便離去。
看了他的現場演出，真的很懊惱。
其一是因為他那無窮盡的怨念。
明明成長在那麼有愛的家庭，他那股對於世間的怨念究竟從何而來？
若不是生活在罪惡淵藪的貧民窟，哪來那麼強的怨念。
令人氣惱的搭檔、街上的情侶、社群網站的酸民。

他迎戰這些的氣勢絲毫不退縮。

自覺這方面實在贏不過他的我，打起高爾夫、去了一趟古巴，還坐上越野車，山里曉得這些事嗎？

其實我之所以那麼懊惱，是因為看了他的現場演出。

無論是表演內容，還是詞彙力、豐富的知識量，都令我嫉妒不已，但更讓我懊惱的是他那「毫不掩飾傷痕」的真實模樣。

我是個自尊心很高的人，無法像他那樣坦然示眾。

「小山、小山」讓工作人員欽慕的紅眼鏡。

即便面對我這樣的人，也能笑容滿面地和我說話，被那麼慈愛的父母深愛著的紅眼鏡。

深受松子小姐和千鳥喜愛的紅眼鏡。

收到來自後輩生日祝福的紅眼鏡。

被片山先生一邊搖頭說：「真是拿這傢伙沒辦法啊！」卻還是喜愛不已的紅眼鏡。

也曾讓我用嫉妒眼神頻頻瞅著的紅眼鏡。

但，我現在非常清楚小山之所以受人喜愛的理由。

縱然如此，我還是有著一點點勝過他的優越感。

那就是「利他之愛」（犧牲奉獻不求他人回報）。

山里亮太時常被傳染「自我否定」這種病的僵屍追趕。

所以一直拚命逃離僵屍的他一回神，才發現自己遠遠甩開好多人，跑在最前頭，十足就是那個「被狗追趕，絕對跑第一的伸太」（小山，對不起！）。

或許因為他常看到僵屍，也就對別人的一切不是很上心（小山，對不起！）。

然而，前陣子我看到「南海甜心」上某個電視節目時，心想：「不會吧……」

我感覺他對小靜的眼神充滿關愛與謝意。

是的，我看了這本《放棄成為天才》後，徹底改觀。

不，其實他本來就很敬重前輩，愛護後輩，對待觀眾更是遠比我來得客氣有禮。還有，他看到我在節目被無禮對待時，立刻傳 line 給我。

「我無法原諒那種傢伙！放心，我來幫你黑化他！」

提這種讓我啼笑皆非的建議。

然而，我在小靜與他的現場演出「104」，感受到他對於觀眾更深一層的愛與感謝。

要是妖怪懂愛的話，不管什麼故事都能感動到不行。

山里亮太不僅站上競技場，舉凡柔道、捽角、生存遊戲等各種比賽都參與過，才能成為出眾的強者。

他找到能讓自己的愛更為膨脹的伴侶，所以我好怕他成為走溫情路線的主持人。

唯獨這一點，必須阻止他才行。

必須靠大家一起監督他才行。

但，小山今後肯定還是無法逃離不停追趕他的僵屍。

也不會停止他那宛如苦行僧般，追求自我生存價值的努力吧。

我就再說一次最不想對他說、卻也是他最想聽到的一句話。

「山里亮太是天才」。

因為所謂的天才，擁有無盡的自卑感與無盡的愛。

而且，天才往往不會察覺自己是天才。

不行。不靠譜二人組的漫才表演得太過頭了。

山里亮太　放棄天才夢！
天才はあきらめた

作　　者　山里亮太
譯　　者　楊明綺
責任編輯　賴曉玲

版　　權　黃淑敏、吳亭儀、江欣瑜
行銷業務　周佑潔、黃崇華、華華
總 編 輯　徐藍萍
總 經 理　彭之琬
事業群總經理　黃淑貞
發 行 人　何飛鵬
法律顧問　元禾法律事務所　王子文律師
出　　版　商周出版　台北市 104 民生東路二段 141 號 9 樓
電話：(02) 25007008　傳真：(02)25007759
E-mail：bwp.service@cite.com.tw
發　　行　英屬蓋曼群島商家庭傳媒股份有限公司城邦分公司
台北市中山區民生東路二段 141 號 2 樓
書虫客服服務專線：02-25007718　02-25007719
24 小時傳真服務：02-25001990　02-25001991
服務時間：週一至週五 9:30-12:00　13:30-17:00
劃撥帳號：19863813　戶名：書虫股份有限公司
讀者服務信箱 E-mail：service@readingclub.com.tw
香港發行所　城邦（香港）出版集團有限公司　香港灣仔駱克道 193 號東超商業中心 1 樓
E-mail: hkcite@biznetvigator.com　電話：(852)25086231　傳真：(852)25789337
馬新發行所　城邦（馬新）出版集團 Cite (M) Sdn Bhd
41, Jalan Radin Anum, Bandar Baru Sri Petaling, 57000 Kuala Lumpur, Malaysia.
Tel: (603) 90578822　Fax: (603) 90576622　Email: cite@cite.com.my

封面設計　傑伊視覺設計
印　　刷　卡樂彩色製版印刷有限公司
總 經 銷　聯合發行股份有限公司　新北市 231 新店區寶橋路 235 巷 6 弄 6 號 2 樓
電話：(02) 2917-8022　傳真：(02) 2911-0053

■2022 年 4 月 26 日初版
定價 380 元

城邦讀書花園
www.cite.com.tw

Printed in Taiwan

國家圖書館出版品預行編目 (CIP) 資料

山里亮太 放棄天才夢！：我想成為「什麼咖」？看日本當紅諧星，如何與內心的卑劣情緒相處，一點一滴成為人生全速前進的燃料！/ 山里亮太著；楊明綺譯. -- 初版. -- 臺北市：商周出版：英屬蓋曼群島商家庭傳媒股份有限公司城邦分公司發行, 2022.04
面；　公分
譯自：天才はあきらめた
ISBN 978-626-318-236-3(平裝)

1.CST: 自我實現 2.CST: 成功法

177.2　　111003969

　ISBN 978-626-318-236-3